個性ハッケン！

―50人が語る長所・短所―

監修　田沼茂紀

1. スポーツで輝く

はじめに

あなたの個性《こせい》は、心の中にあります

みなさんは、自分の個性《こせい》について、考えたことがありますか。

「自分には何の個性《こせい》もない」と卑屈《ひくつ》になったり、「自分の個性《こせい》を発揮《はっき》できる人はいいな」とうらやんだり、だれしも自分の「個性《こせい》」について、考えなやんだことがあるのではないでしょうか。

あなたの個性《こせい》は、ほかの人にどう映《うつ》っているのでしょう。あなたの個《こ》性《せい》は、他人からは見えているのでしょうか。

大丈夫《だいじょうぶ》。個性《こせい》のない人などいません。あなたがあなた自身である限《かぎ》り、個性《こせい》はしっかりとあなたの心の中にあり、それはいつでも輝《かがや》いています。ただ、あなた自身が、その個性《こせい》に気づいているかどうか、それが問題です。

個性《こせい》は、形あるものとちがって、目で確《たし》かめることも、手でつかむことも、ほかの人に自信《じしん》を持って説明《せつめい》することもできません。それでも、個性《こせい》はまちがいなく人それぞれにあります。

大切なことは、それに気づき、大切に育み、大きく開花させようとする心を、自分自身が持っているかどうかです。

明日の未来《みらい》を「かけがえのない尊在《そんざい》」として生きるみなさん、どうぞ、自分の中にある「個《こ》性《せい》」を大切に育ててほしいと願《ねが》っています。

國學院大學教授《こくがくいんだいがくきょうじゅ》
田《た》沼《ぬま》茂《しげ》紀《き》

この本の見方・使い方

この本では、登場する人物の長所と短所を、仕事や生き方とともに紹介《しょうかい》しています。シリーズ全体で 50 人が、同じテーマについて語っているので、読むことで多様な考え方に触《ふ》れられます。

長所・短所

登場する人物がインタビューで語った自分の長所・短所が、ひとめでわかります。

プロフィール

その人がどんな人物なのか、くわしい紹介《しょうかい》を読んでみましょう。

話してハッケン！

インタビューをもとに、キャラクターが自分や友達《ともだち》のことを考える話し合いを展開《てんかい》します。

見てみよう！読んでみよう！

登場する人物に関《かん》する DVD《ディーブイディー》や、本を紹介《しょうかい》しています。

みなさんへ

登場する人物から、みなさんへのメッセージです。

他《ひ》人《と》から見ると!?

登場する人物が、身近な人からどんな性格《せいかく》だと思われているのか、紹介《しょうかい》しています。

性格《せいかく》や特徴《とくちょう》を表す言葉・表現《ひょうげん》！

46 ～ 47 ページは、性格《せいかく》や長所・短所を表す言葉の一覧《いちらん》です。1 ～ 5 巻《かん》に、五《ご》十音順《じゅうおんじゅん》で約《やく》 1000 語を掲載《けいさい》しています。

※46～47ページは、自由にコピーしてお使いいただけます。

個性ハッケン！

―― 50人が語る長所・短所 ――

1.スポーツで輝く

もくじ

大神雄子《おおがゆうこ》さん

元プロバスケットボール選手《せんしゅ》

長所 声が大きい、ポジティブ

短所 だれにでも話しかけてしまう

➡38ページ

柏原竜二《かしわばらりゅうじ》さん

元陸上競技《りくじょうきょうぎ》選手《せんしゅ》

長所 集中力が高い

短所 自分の世界に入りがち

➡26ページ

塚田真希《つかだまき》さん

柔道家《じゅうどうか》

長所 楽観的《らっかんてき》、素直《すなお》

短所 甘《あま》いところがある

➡42ページ

倉橋香衣《くらはしかえ》さん

ウィルチェアーラグビー選手《せんしゅ》

長所 意志《いし》が強い、行動力がある

短所 ひとつのことに集中しすぎる

➡30ページ

廣瀬隆喜《ひろせたかゆき》さん

ボッチャ選手《せんしゅ》

長所 どんなときも緊張《きんちょう》しない

短所 いろいろと考えすぎてしまう

➡34ページ

プロ野球監督《かんとく》

栗《くり》山《やま》英《ひで》樹《き》さん

長所 何にでもすぐに感動できる

短所 いっぱいありすぎる

（ねばり強く考えない、おっちょこちょい、情《じょう》に流される　など）

「弱いことは悪いことじゃない」

ぼくには才能《さいのう》がなかった でも、だからよかった

ぼくは、短所だらけの人間です。ねばり強く考えない、おっちょこちょい、情《じょう》に流される……。短所ばっかりで、長所なんてありません。あえて挙げるなら、何にでもすぐに感動できることです。でも、短所がたくさんあるから、何とかしたいと思う。たくさん本を読んだり、自分に約束《やくそく》ごとをつくったりしています。短所はなくならないけれど、気をつけようと努力《どりょく》することはできます。努力《どりょく》すれば、心が変《か》わります。

ぼくは、ヤクルトスワローズ（現在《げんざい》の東京ヤクルトスワローズ）で七年間、プロ野球選手《せんしゅ》としてプレーしました。しかし、二軍《にぐん》でも一番へたで、試《し》合《あい》どころか練習でも仲間《なかま》に迷惑《めいわく》をかけるほどでした。一人だけ、レベルがちがっていたのです。子どものころからあこがれた世界なのに、ぼくは逃《に》げ出したくなってしまいました。

でも、自分に能力《のうりょく》がなかったからこそ、「こんなぼくでよかったな」と思えることがあるのです。それは、つらいとき、苦しいとき、失敗《しっぱい》したときも、あきらめることなく、「どうすれば自分は輝《かがや》けるのか」を考えることができたことです。へたな自分がチームのためにできることを考え、道具の片《かた》づけとか、ベンチで仲間《なかま》を応援《おうえん》するとか、そういうことから一生懸命《いっしょうけんめい》やりました。

バントの練習も、たくさんしました。ぼくが送りバントをすることで、一塁《いちるい》ランナーが二塁《にるい》に進んだら、「チームのために役割《やくわり》を果《は》たすことができた」と、幸せな気持ちになりました。自分がアウトになってもです。

選手《せんしゅ》たちの個性《こせい》を輝《かがや》かせたい

ぼくはいま、監督《かんとく》として北海道日本《ほっかいどうにっぽん》ハムファイターズの選手《せんしゅ》たちと日々《ひび》、

プロフィール

1961年東京都《とうきょうと》生まれ。1984年ドラフト外《がい》でヤクルトスワローズに入団《にゅうだん》。1989年三井《みつい》ゴールデン・グラブ賞《しょう》※受賞《じゅしょう》。引退後《いんたいご》、スポーツジャーナリスト、大学教員などを経《へ》て、2012年から北海道日本《ほっかいどうにっぽん》ハムファイターズ監督《かんとく》。リーグ優勝《ゆうしょう》2回、日本一1回を達成《たっせい》。

2016年、日本シリーズを制《せい》して胴上《どうあ》げされる栗山《くりやま》さん。2012年に監督《かんとく》に就任《しゅうにん》して以来《いらい》、初《はじ》めての日本一となった。

※三井《みつい》ゴールデン・グラブ賞《しょう》……卓越《たくえつ》した守備《しゅび》で、チームに貢献《こうけん》するプレーをした「守備《しゅび》のベストナイン」を表彰《ひょうしょう》する賞《しょう》。

接《せっ》しています。ケガや病気なども重なり、二十九歳《さい》で選手《せんしゅ》を引退《いんたい》。選手《せんしゅ》として一流になれなかったこのぼくが、もう一度、プロ野球のユニフォームを着るなんて思いもよりませんでした。

ぼくには、選手《せんしゅ》たちに野球の絶対的《ぜったいてき》な技術《ぎじゅつ》を教えることはできないかもしれません。選手《せんしゅ》たちを輝《かがや》かせる、そのために手伝《てつだ》ってあげることはがんばればできるはずです。「自分とは何か」「どんなよさがあって、それをどういかすのか」を選手《せんしゅ》たちに考えてもらい、気づいてもらう。それが、監督《かんとく》であるぼくにできる唯一《ゆいいつ》のことだと思います。

選手《せんしゅ》たちが、「野球をやっていてよかった」「プロ野球選手《せんしゅ》として生きることができてよかった」と思えるように、彼《かれ》らの個性《こせい》が輝《かがや》くファイターズでありたいと思いながら、つねに行動しています。

弱気になってもいい ちがうがんばり方がある

スポーツでも勉強でも、仕事でも、何か難《むずか》しいことにぶつかると、「ぼくには無理《むり》だ」「わたしはあんなふうになれない」と弱気になりがちです。

でも、弱気になってもいいんです。

弱いことは、悪いことではありません。「自分は弱いからだめだ」と、思いこむのがいけないのです。

「自分は弱い」と思ったら、「いまのままじゃ無理《むり》なんだ。だったら、ちがうがんばり方があるんじゃないか」と考えて、努力《どりょく》することができます。そうしたら、自分が輝《かがや》く方法《ほうほう》を見つけるチャンスが生まれます。弱いということは、チャンスなのです。

ほかの人とはちがう 自分なりの輝《かがや》き方を探《さが》す

プロ野球とは、もともと備《そな》えていた才能《さいのう》だけで活躍《かつやく》できる世界ではありません。必死《ひっし》に努力《どりょく》して、学んで、何かをつかんだ選手《せんしゅ》が生き残《のこ》る世界です。

チームメイトや対戦《たいせん》相手のプレーを見て、「この人にはとても敵《かな》わないな」と思ったとしても、それで負けではないのです。その相手とはちがう、自分なりの輝《かがや》き方を探《さが》して、身につければ、同じプロ野球選手《せんしゅ》として勝負の舞台《ぶたい》に立てるのです。

試合前《しあいまえ》の練習で笑顔《えがお》を見せる栗山《くりやま》さん。日ごろから選手《せんしゅ》とのコミュニケーションを大切にしているという。

二〇一七年までファイターズにいた大谷翔平《おおたにしょうへい》※は、もともとの才能《さいのう》がずばぬけていただけでなく、学ぶことも、考えることも、努力《どりょく》することも一生懸命《いっしょうけんめい》で、超《ちょう》一流です。だれにも負けない才《さい》能《のう》を持っていたとしても、努力《どりょく》を怠《おこた》れば、すぐに通用しなくなる。プロ野球とはそれほどきびしい世界です。

翔平《しょうへい》は、「世界一の選手《せんしゅ》になる」という目標《もくひょう》を持っているので、一生懸命《いっしょうけんめい》練習して、試合《しあい》でも全力でプレーします。食事など体調管理《かんり》にも気を配って、本を読んだり、人の話をよく聞いたりと、何か自分のためになることをつねに学ぼうと努力《どりょく》しています。だからこそ、あれだけ活躍《かつやく》できるのです。

だれよりも努力《どりょく》したら だれよりも上に行ける

みなさんのこれからの人生には、たくさんの時間があります。その時間を、将来《しょうらい》の夢《ゆめ》や目標《もくひょう》のために精《せい》いっぱい注ぎこめば、それらは必《かなら》ず達成《たっせい》できるはずです。だれよりも努力《どりょく》をしたら、だれよりも上に行けます。

自分とだれかをくらべて、「自分には才能《さいのう》がない」とか、「できっこない」とか、そんなふうに尻《しり》ごみする必要《ひつよう》は全然《ぜんぜん》ありません。もしいま、ずばぬけた成績《せいせき》がなくても、がんばり続《つづ》けていれば、何かをつかむことができます。「ダメだ」と自分で思った瞬間《しゅんかん》に、可《か》能性《のうせい》は閉《と》じてしまいます。世の中で何かを成《な》しとげた人は、最後《さいご》まであきらめなかった人なのです。

夢《ゆめ》や目標《もくひょう》が早く定まれば、そのぶんだけスタートも早く切れます。けれど、まだスタートできていない人も、むだな時間を過《す》ごしているわけではありません。なりたいものが決まらなければ、何にでもトライしてみればいい。みなさんには、その時間があるのです。

話してハッケン！

ぼく、サッカーもバスケットボールもうまくないし、スポーツに向いてないのかなあ……。

トモくん、陸上《りくじょう》はけっこう速くない？　スポーツ全部じゃなくて、球技《きゅうぎ》が苦手なだけじゃない？

そっかあ。走るのはきらいじゃないし、今年のマラソン大会、がんばってみるよ！

読んでみよう！

『「最高《さいこう》のチーム」の作り方』

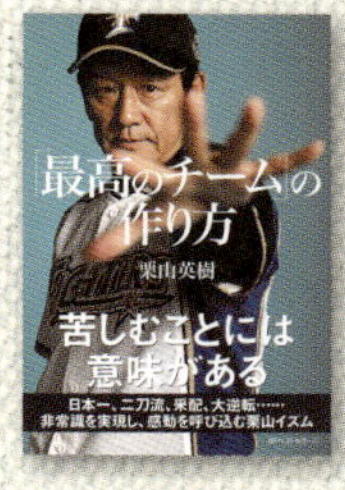

大谷翔平選手《おおたにしょうへいせんしゅ》や中田翔選手《なかたしょうせんしゅ》など、数々《かずかず》の選手《せんしゅ》が活躍《かつやく》してきた北海道日本《ほっかいどうにっぽん》ハムファイターズ。その活躍《かつやく》の舞台裏《ぶたいうら》を、栗山監《くりやまかん》督《とく》が語る。

栗山英樹　著／ベストセラーズ

栗山《くりやま》さんからみなさんへ

ぼくの言っていることは、まちがっているかもしれません。あなたには、当てはまらないかもしれません。でも、あなたたちの個性《こせい》は、必《かなら》ず、将来《しょうらい》の自分を輝《かがや》かせる大きな力になります。その個性《こせい》を輝《かがや》かせる方法を見つけてください。

※大谷翔平《おおたにしょうへい》……プロ野球選手《せんしゅ》。2013年に北海道日本《ほっかいどうにっぽん》ハムファイターズに入団《にゅうだん》、投手と打者の両方で活躍《かつやく》。2018年にアメリカのメジャーリーグ、ロサンゼルス・エンゼルスに移籍《いせき》した。

スキージャンプ選手《せんしゅ》

髙《たか》梨《なし》沙《さ》羅《ら》さん

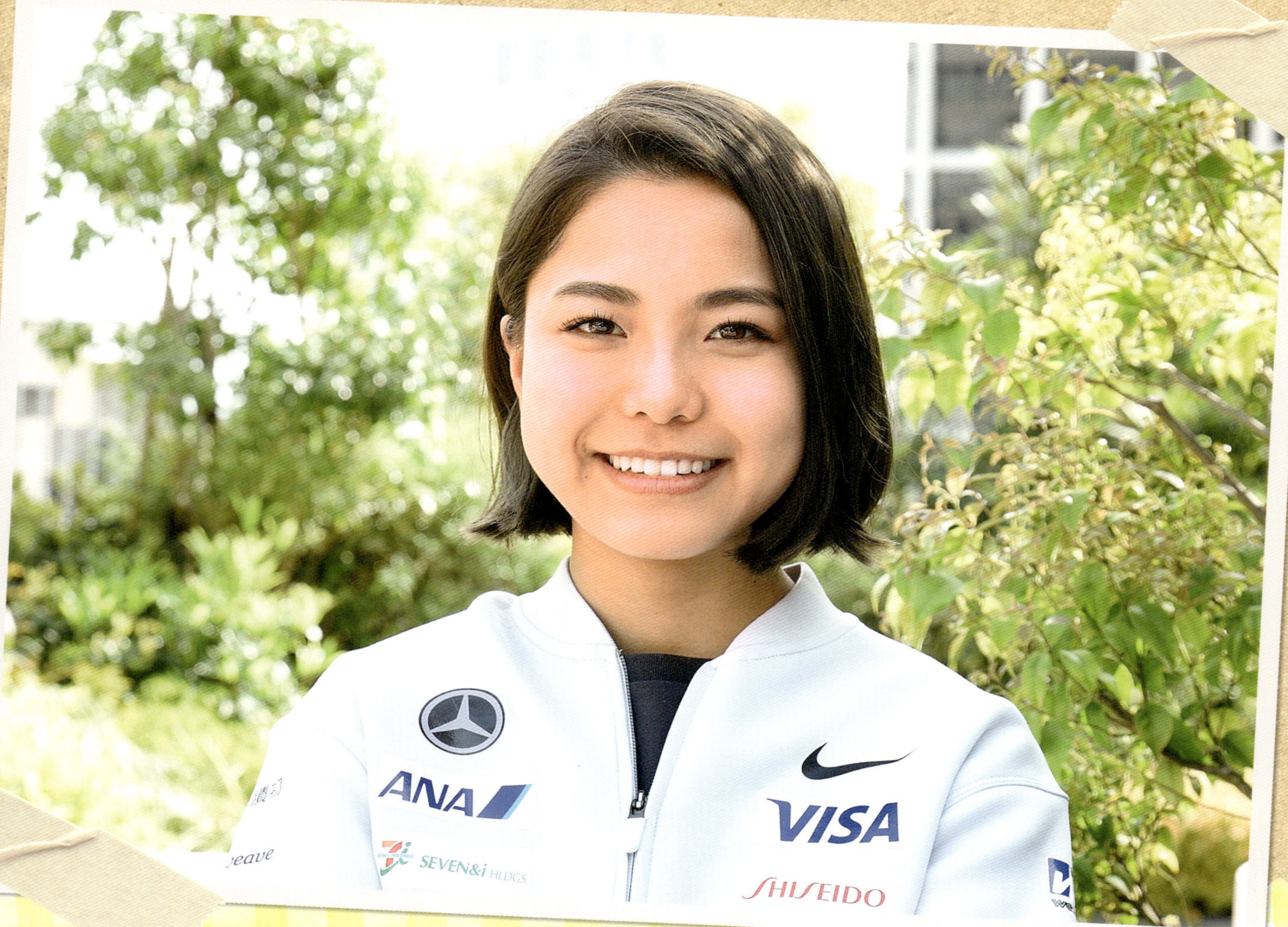

長所 がまん強い、コツコツ努力《どりょく》する

短所 不器用《ぶきよう》、臨機応変《りんきおうへん》さに欠《か》ける

「できないことにこそ新しい発見がある」

テクニックはなくてもがまん強さがあった

　わたしがスキージャンプを始めたのは、八歳《さい》のとき。家のすぐ前が練習場で、兄や友達《ともだち》が練習しているのを見ていたので、自然《しぜん》と「やりたい！」と思うようになりました。最初《さいしょ》は全然上達《ぜんぜんじょうたつ》しませんでした。わたしは、すごく不《ぶ》器用《きよう》なんです。まわりのみんながすぐできることが、わたしはなかなかできない。何度も何度も練習してやっとできるようになるという感じです。

　スキージャンプのテクニックでは才《さい》能《のう》がなかったけれど、わたしには「がまん強さ」という才能《さいのう》があったのだと思います。不器用《ぶきよう》なぶん、小さなころからコツコツと練習するのは得意《とくい》でした。何度もくり返し練習をすると、意《い》識《しき》をしなくても体が勝手に動くんです。すごく地道な努力《どりょく》ですが、少しずつ、でも確実《かくじつ》にできるようになる。「ちゃんと理想に向かって進んでいる」という実感が持てるので、努力《どりょく》するのは好《す》きですね。

不器用《ぶきよう》な人ほど目標《もくひょう》を見つけやすい

　それに、不器用《ぶきよう》は、悪いことばかりではないんです。自分のできないことがはっきりわかるから、そのぶん、努《ど》力《りょく》もしやすいと思っています。

　たとえば、器用《きよう》な人なら何も考えずに通れる道でも、不器用《ぶきよう》な人は少しずつ試練《しれん》と成功《せいこう》を重ねて時間をかけて通ることになります。大変《たいへん》だけど、それだけ自分の理想を追い続《つづ》けられる。自分がほしいもの、必要《ひつよう》なもの、足りないものをとことん考えるから、自分を見つけるプロになれるんです。

　わたしも最初《さいしょ》は、できないことが「くやしい、苦しい」と思っていました。でも、それをクリアするためにいろいろなアイディアを考え、試《ため》しては

★プロフィール

1996年北海道《ほっかいどう》生まれ。8歳《さい》からスキージャンプを始める。2011年、国際《こくさい》スキー連盟公認《れんめいこうにん》国際《こくさい》ジャンプ大会で女子選手《せんしゅ》史《し》上《じょう》最年少優《さいねんしょうゆう》勝《しょう》。その後も数々《かずかず》の好成績《こうせいせき》をおさめ、2017-2018年シーズンのFIS《フィス》ワールドカップでは男女歴代単独最《れきだいたんどくさい》多《た》の通算55勝をあげる。2018年平昌《ピョンチャン》オリンピックでは銅《どう》メダルを獲得《かくとく》した。

2018年平昌《ピョンチャン》オリンピックで、空中姿勢《しせい》を保《たも》つ髙梨《たかなし》さん。女子ノーマルヒル個人《こじん》で銅《どう》メダルを獲得《かくとく》した。

失敗《しっぱい》、試《ため》しては失敗《しっぱい》……とくり返すうちに、「じゃあ、これはどうだ?」と、だんだん試《ため》すこと自体が楽しく思えるようになったんです。コツコツ努力《どりょく》することで、できたときの達成感《たっせいかん》も大きくなりました。

ソチオリンピックの失敗《しっぱい》が短所を見直すきっかけに

ほかにも、わたしの短所は、むかしから家族には「性格《せいかく》が暗い」とか「無《ぶ》難《なん》な選択《せんたく》をする」と言われます。確《たし》かに、もともとネガティブなので、意識《いしき》して物事に挑戦《ちょうせん》しよう、ポジティブになろうと思っています。

自分では、むかしもいまも、臨機応《りんきおう》変《へん》に対応《たいおう》できないところが短所のひとつだと思っています。コツコツ努力《どりょく》するのは得意《とくい》なのですが、そうしていると自分の考えに集中しすぎて、まわりが見えなくなってしまうんです。だから、アクシデントにうまく対応《たいおう》できないことも多くありました。

短所を意識《いしき》するようになったきっかけは、二〇一四年のソチオリンピックです。このとき「何か調子がちがう」と思いながらも、立て直すことができず、メダルをとれませんでした。そのとき、自分の短所に向き合わないと、試合《しあい》で勝てないと思ったんです。

「同じ状況《じょうきょう》でも、考え方を少し変《か》えただけで、見え方がまったくちがってくるんですよね」と語る髙梨《たかなし》さん。

視野《しや》を広げようとスキー以外《いがい》のことにも挑戦《ちょうせん》

自分の短所の直し方なんて、よくわかりません。「とにかく何かしなきゃ」という思いだけで、いろいろな人の考え方にふれたり、スキージャンプ以外《いがい》のことも積極的《せっきょくてき》にやってみたりしました。そうしたら、物事を広く見渡《みわた》せるようになって、自分がスキージャンプというせまい世界しか見ていなかったことに気づきました。

視野《しや》がせまいって、いろいろな可能《かのう》性《せい》を捨《す》てているんですよね。競技《きょうぎ》に集中するだけではなく、人としての経験《けいけん》も積《つ》まないと本当に強くなれないと気づいてからは、「練習のときはスキーに集中、それ以外《いがい》はスキーのことは考えない」と、オンとオフをはっきり切りかえることにしたんです。そうすることで、まわりの人の意見も取り入れやすくなりました。

コツコツと積《つ》み重ねることが自信《じしん》につながる

何かに一生懸命《いっしょうけんめい》取り組んでいたら、やめたくなることは絶対《ぜったい》あると思います。わたしも、スキージャンプをやめたいと思うことが何度もありました。でも、ここまで続《つづ》けられたのは、コツコツがんばってきた自分の力を信《しん》じているから。そして、「こうなりたい」という理想の自分がはっきりしていて、それがやる気になっているからです。

中学三年生のとき、競技会《きょうぎかい》で、北海《ほっかい》道《どう》にある大倉山《おおくらやま》のジャンプ台の、女子バッケンレコード（最長不倒距離《さいちょうふとうきょり》）を記録《きろく》しました。このとき、自分以上《いじょう》にまわりのみんなが喜《よろこ》んでくれたんです。あの感動は、いまも忘《わす》れられません。またみんなを笑顔《えがお》にしたい、わたしのジャンプで人を喜《よろこ》ばせたい、と思うようになりました。以来《いらい》、わたしの夢《ゆめ》は、「たくさんの人に勇気《ゆうき》や感動をあたえられる選手《せんしゅ》になること」です。だから、がんばろうと思えるのです。

夢《ゆめ》の実現《じつげん》のために自分を信《しん》じて努力《どりょく》を続《つづ》ける

何ごとも、すぐに結果《けっか》が出るわけではありません。「あせらず、あわてず、あきらめず」――最後《さいご》の最後《さいご》まで自分を信《しん》じて前向きに続《つづ》けることが大切です。そうしてコツコツと積《つ》み重ねたことが自信《じしん》になって、必《かなら》ず結果《けっか》につながるとわたしは思います。だから、途中《とちゅう》であきらめたりしたらもったいない！

みなさんにも、得意《とくい》なこと、苦手なこと、長所、短所があると思います。何かと、人とちがうところや、おとっているところばかりに目がいってしまいがちですが、それも個性《こせい》のひとつ。悲観《ひかん》することなく自分のなりたい姿《すがた》に向かって、がんばってほしいです。

話してハッケン！

コツコツ練習するのが好《す》きってすごい！

ユイちゃんだって、いつもバスケットボールの個人《こじん》練習してるよね？

うん。去年の試合《しあい》でフリースローシュートを外しちゃってさ。毎日100本打とうって決めたんだ。

それだって、コツコツ練習してるってことなんじゃない？

そっか！　わたしはまだまだ自信《じしん》がないけど、あきらめずにやってみるよ！

高梨《たかなし》さんからみなさんへ

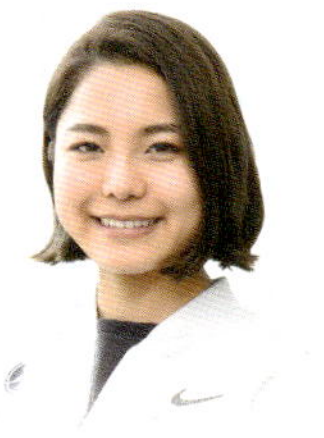

みなさん一人ひとりの可能性《かのうせい》は、本当に無限大《むげんだい》なんですよ。できないことがあっても、すぐあきらめたりせず、がまん強くがんばってほしいです。だって自分の理想や好《す》きなことに向かってがんばれるのは、すごくかっこいいことだと思うから！

プロバレーボール選手《せんしゅ》

石《いし》川《かわ》祐《ゆう》希《き》さん

長所 負けずぎらい

短所 無《む》理《り》をしすぎる

「競《きょう》技《ぎ》中《ちゅう》は負けずぎらい でもふだんはマイペース」

技術《ぎじゅつ》と同じくらい大事な 勝ちにこだわる強い気持ち

ぼくの長所は、負けずぎらいなところだと思います。バレーボールの試合《しあい》中《ちゅう》、勝負どころでスイッチが入り、ここぞという大事な場面で力を発揮《はっき》できるのは、「負けたくない！」という気持ちが強いからです。

バレーは、流れのあるスポーツです。その流れを読んで、「いまだ！」というときに、適切《てきせつ》な場所へスパイクを打つ。一瞬《いっしゅん》のうちに正確《せいかく》な判断《はんだん》をして、思いきって実行します。そういうとき、練習で身につけた技術《ぎじゅつ》も重要《じゅうよう》ですが、同じくらい大切なのが「勝ちたい！」という強い気持ちです。それが勝利《しょうり》へつながると信《しん》じています。

短所は、自分をうまくコントロールできないところ。自分の体の調子がよくないのに、無理《むり》をしてしまうことがあります。練習が始まると、集中しているせいもあって、自分の不調《ふちょう》に気づきにくいんです。その結果《けっか》、無理《むり》をして、ケガにつながることがあります。ケガをしないように、自分をうまくコントロールしていかなくてはいけないと思っています。

一人で過《す》ごすのは苦手 散《ち》らかっているのもきらい

バレーをしていないときは、しているときと、性格《せいかく》がちょっとちがうのかもしれません。「マイペースだね」とよく言われます。でも、一人で出かけるのは苦手なので、食事や買い物に行くときは、ほとんど仲間《なかま》といっしょです。一人でいるよりも、気をつかわなくてもいい友達《ともだち》といるほうが、好《す》きですね。

また、自分の部屋が散《ち》らかっているのはいやなので、いつもきちんと整理しています。きれい好《ず》きなほうですね。それに、これは、短所かもしれな

プロフィール

1995年愛知県《あいちけん》生まれ。小学4年生のときからバレーボールを始め、大学時代に最年《さいねん》少《しょう》で全日本男子チーム入りをした。2014年には、在学中《ざいがくちゅう》ながら、イタリアのチームと契約《けいやく》。大学卒業後《そつぎょうご》は会社に所属《しょぞく》せず、プロの選手《せんしゅ》としてイタリアでプレーしている。

大学生ながら、イタリアのチームで海外選手《せんしゅ》とプレーしていた石《いし》川選手《かわせんしゅ》。2020年東京オリンピックに向け、活躍《かつやく》が期待される。

いけれど、人の話を真に受けてしまうところがあります。くだらない冗談《じょうだん》なのに、「えっ、そうなんだ！」とすぐ信《しん》じてしまう。人の意見を聞きすぎて、迷《まよ》うことも多いです。

でも、バレーをしているときは、そんなことはありません。試合中《しあいちゅう》は相手チームとのかけ引きもあるので、そう簡単《かんたん》にはだまされません。

野球よりバレーのほうが自分には合っていた

バレーボールに出会ったのは、小学四年生のとき。姉がバレーをやっていて、そこへ遊びにいったんです。そのとき、少し教えてもらったことをやってみたら、すぐにできた。このときの成功体験《せいこうたいけん》が、バレーの道に進むきっかけになりました。

バレーを始める前は野球をやっていましたが、一年でやめてしまいました。バレーのほうが、自分に合っていたのだと思います。

小学生のころは、いまよりももっと活発な性格《せいかく》でした。遊ぶときも、みんなを引っ張《ぱ》っていくタイプ。そのへんの性格《せいかく》は、いまのバレーをしているときの自分に近いかもしれません。

バレーが好《す》きだから一度もあきたことはない

小学生のころからずっとバレーを続《つづ》けていますが、あきたことは一度もありません。練習時間以外《いがい》も、たいていはバレーに関《かん》する動画を見ています。

自分のプレーがうまくいかずに落ちこんだときも、何か別《べつ》のことで気分転《きぶんてん》換《かん》をする、ということはありません。ほかの選手《せんしゅ》の試合中《しあいちゅう》の動画を見て、どうやったらうまくできるのかを考えています。「真面目《まじめ》だね」とも言われますが、こういうプレーがしたい、こういう選手《せんしゅ》になりたい、という理想があるので、努力《どりょく》しているという気はないです。単純《たんじゅん》に、バレーボールが好《す》きなんでしょうね。

イタリアのプロチームで大きな刺激《しげき》を受ける

世界のトップリーグでプレーしたい、と思うようになったのは、大学生のときにイタリアのプロチームでプレーをしてからです。

海外の選手《せんしゅ》は、自分の意見をストレー

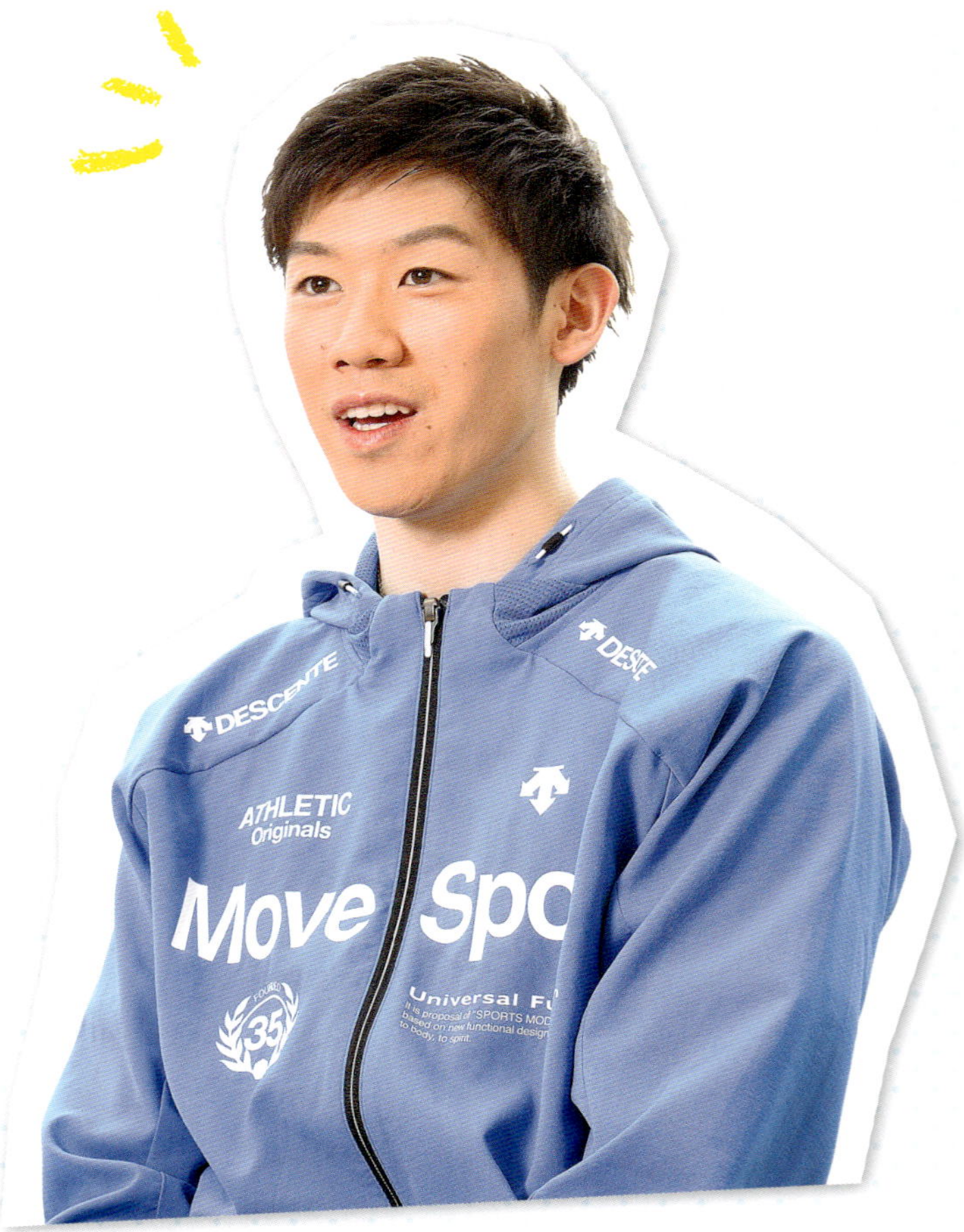

プレー中とふだんの性格《せいかく》に差《さ》があるという石川《いしかわ》さん。「プレー中は相手の作戦《さくせん》を予想するけど、いつもは人の言葉をすぐに信《しん》じてしまいます」と笑《わら》う。

トに言います。ある程度《ていど》、予想していましたが、それを上回ってストレートに意見を交わすので、最初《さいしょ》は少し弱気になってしまいました。

でも、やっぱり負けずぎらいだから、言葉でうまく伝《つた》えられないぶん、プレーでどんどんアピールしようとしていました。海外へ行ってもバレーのルールや、「チームで勝ちたい」という目標《もくひょう》は同じ。だから、プレーだったら、理《り》解《かい》し合えることが多いのです。そのうち、自分から意見を言うことにも慣《な》れてきて、選手《せんしゅ》や監督《かんとく》とプレーについての意見をたくさん交わせるようになりました。

イタリアで出会ったチームメイトは、世界中の国から集まってきた選手《せんしゅ》たち。言葉はもちろん、文化や考え方もじつにさまざまです。技術《ぎじゅつ》だけでなく、考え方でもいろいろな刺激《しげき》を受けたことで、世界へも目が向くようになりました。

日本人プレーヤーとして世界で挑戦《ちょうせん》したい

今後はプロとして、世界でプレーすることになりますが、不安《ふあん》は感じていません。むしろ、思いっきり挑戦《ちょうせん》したいという気持ちのほうが強いです。めざすのは、チームが勝つために必要《ひつよう》とされるプレーヤー。「石川《いしかわ》がいたら勝てる！」という選手《せんしゅ》でありたいと思います。

また、現在《げんざい》のバレーボールの世界では、海外で活躍《かつやく》する日本人選手《せんしゅ》は多くありません。自分が理想とするプレーヤーになるまで、もっともっとがんばっていきたいです。そして、自分が活躍《かつやく》することで、世界中の人にバレーボールの魅力《みりょく》を知ってもらい、「自分も！」と世界に挑戦《ちょうせん》する選手《せんしゅ》が増《ふ》えたらうれしいです。

話してハッケン！

アキ：ソラくんって、すっごく負けずぎらいだよね。

ソラ：よく言われる。とくにスポーツは、何でも一番をとりたいんだ。

アキ：ソラくんがいるチームは、体育の時間でも、いつも勝ってるもんね。

トモ：ソラくんが勝てるのは、どんな競技《きょうぎ》でも、真剣《しんけん》に練習してるからだよ！

アキ：そうなんだ、知らなかった。ソラくんは努力家《どりょくか》なんだね。

ソラ：負けたくないからがんばってたけど、それって努力《どりょく》なんだね！

石川《いしかわ》さんからみなさんへ

得意《とくい》、不得意《ふとくい》を考えずに、何でもやってみてください。そこから、目標《もくひょう》や夢《ゆめ》が見つかります。ぼく自身、最初《さいしょ》からバレーボール選手《せんしゅ》になるとは全然《ぜんぜん》思っていませんでした。全力で取り組めることに出会えるまで、何にでも挑戦《ちょうせん》することが大事なんだと思います。

体操選手《たいそうせんしゅ》

田《た》中《なか》佑《ゆう》典《すけ》さん

長所 忍耐力《にんたいりょく》、探求心《たんきゅうしん》がある

短所 慎重《しんちょう》すぎる、気が弱い

「成功《せいこう》は自信《じしん》をくれて 失敗《しっぱい》は課題《かだい》をくれる」

長所も短所も体操《たいそう》を通して得《え》たもの

ぼくは七歳《さい》から毎日体操《たいそう》をしてきたので、長所も短所も、すべて体操《たいそう》なしには語れないですね。

体操《たいそう》で得《え》た長所は、まず忍耐力《にんたいりょく》。体《たい》操選手《そうせんしゅ》は、すごく簡単《かんたん》に跳《と》んだり回ったりしているように見えるかもしれませんが、最初《さいしょ》からすぐできる人なんていません。小さいころから練習を積《つ》んで、回れる体をつくっていくのです。

選手《せんしゅ》として活躍《かつやく》できるようになっても、新しい技《わざ》を完成《かんせい》させるには、三～四か月はかかります。しかも、男子の体操競技《たいそうきょうぎ》は、床《ゆか》、あん馬《ば》、つり輪《わ》、跳《ちょう》馬《ば》、平行棒《へいこうぼう》、鉄棒《てつぼう》と六種目《しゅもく》。それぞれの種目《しゅもく》に何十個《こ》、何百個《こ》もの技《わざ》があり、その中から十個《こ》の技《わざ》を組み合わせて一種目《しゅもく》の演技《えんぎ》を完成《かんせい》させています。みなさんが体操競技《たいそうきょうぎ》の試合《しあい》で見る一分くらいの演技《えんぎ》ができるようになるには、本当に果《は》てしない過程《かてい》があるのです。忍《にん》耐力《たいりょく》がないと、とても続《つづ》けられません。

そして、ただ難《むずか》しい技《わざ》ができればいいのではなく、技《わざ》の完成度《かんせいど》や美しさも採点《さいてん》されます。だからひとつの技《わざ》をつきつめる探求心《たんきゅうしん》も必要《ひつよう》です。忍耐力《にんたいりょく》と探求心《たんきゅうしん》は、体操《たいそう》を通して得《え》たものです。

慎重《しんちょう》になりすぎて世界大会で大失敗《だいしっぱい》

もちろん、短所もたくさんあります。とくに日本代表に選《えら》ばれるようになってからは、自分の短所を自覚《じかく》することが多くなりました。

二〇一一年、二十二歳《さい》で初《はじ》めて世界《せかい》選手権《せんしゅけん》の代表に選《えら》ばれたときは、床《ゆか》の演技《えんぎ》でバランスを崩《くず》してケガをし、それを引きずって得意《とくい》の鉄棒《てつぼう》でも落下。金メダルを狙《ねら》えた団体総合《だんたいそうごう》で、銀メダルという結果《けっか》に終わってしまいました。慎重《しんちょう》になりすぎて、勝負にでる勇気《ゆうき》が出なかったのです。大胆《だいたん》にならなければ

プロフィール

1989年和歌山県《わかやまけん》生まれ。コナミスポーツ体《たい》操競技部所属《そうきょうぎぶしょぞく》。7歳《さい》で体操《たいそう》を始め、2011年に世界選手権初代表《せかいせんしゅけんはつだいひょう》。2016年リオデジャネイロオリンピック団体《だんたい》で金メダルを獲得《かくとく》。美しい体操《たいそう》で世界的《せかいてき》な評価《ひょうか》も高い。

©RIMAKO TAKEUCHI

2016年リオデジャネイロオリンピックの団体《だんたい》で、金メダルに輝《かがや》いた田中選手《たなかせんしゅ》（写真中央）。田中選手《たなかせんしゅ》は、つり輪《わ》、平行棒《へいこうぼう》、鉄《てつ》棒《ぼう》の3種目《しゅもく》に出場した。

ばいけない場面で、弱気な面が出てしまいました。

そうした自分の弱さを改善《かいぜん》するには、練習を重ね、成功《せいこう》を重ねて自信《じしん》をつけるしかありません。忍耐力《にんたいりょく》は身についているので、日々《ひび》練習をくり返して不《ふ》安《あん》を消せるように、がんばっています。

失敗《しっぱい》やつらい経験《けいけん》も のちのちプラスになる

忍耐力《にんたいりょく》がある、とは言っても練習がきつくて、いやになることはたくさんあります。「やめたい」と思ったことは、たぶんほかの選手《せんしゅ》より多いでしょう。試合《しあい》で失敗《しっぱい》することも多いし、正直、体操《たいそう》をやっていてつらいことのほうが多いと思うくらいです。

ぼくは、結果《けっか》がいいときと悪いときの差《さ》が激《はげ》しい選手《せんしゅ》です。でも、失敗《しっぱい》と成功《せいこう》をくり返し経験《けいけん》する中で、それでもいいと思うようになりました。もちろん、失敗《しっぱい》すれば落ちこみます。でも、失敗《しっぱい》から得《え》られるものは、すごく多いのです。成功《せいこう》は自信《じしん》をくれて、失敗《しっぱい》は課題《かだい》をくれます。その積《つ》み重ねが、自分を強くしてくれる。そう考えると、マイナスなことは何もなくて、全部プラスにつながっているのです。たとえばプレッシャーを感じても、いまはそれを重荷とは思いません。プレッシャーの中だからこそ充実感《じゅうじつかん》や成功《せいこう》の喜《よろこ》びも大きくなる、と考えるようになりました。うれしかったり、つらかったり、変化《へんか》があるほうが、人生は楽しいと思います。

毎日練習していても 体操《たいそう》が好《す》き

つらいとは思っても、体操《たいそう》を続《つづ》けていられるのは、何だかんだ言って、

得意《とくい》の平行棒《へいこうぼう》に手をかける田中選手《たなかせんしゅ》。

手がすべりすぎないように、競技前《きょうぎまえ》に炭酸《たんさん》マグネシウムの粉《こな》を手につける。

「体操《たいそう》が好《す》き」という気持ちがあるからだと思います。体操《たいそう》は、ふだんの生活にはない感覚《かんかく》を味わうことができる競技《きょうぎ》です。跳《と》んだり回ったりしていると、体がふわっと浮《う》く感覚《かんかく》が純粋《じゅんすい》に楽しい。これだけ毎日練習しているいまでも、その感覚《かんかく》は楽しめています。

体操《たいそう》を始めたときから変《か》わらない、この「楽しい」という気持ちだけは、忘《わす》れないようにしたいですね。

目標《もくひょう》の先に見えた理想「美しい体操《たいそう》」がしたい

体操《たいそう》を続《つづ》けていく中で、一番の目標《もくひょう》にしていたのは、オリンピックで金メダルをとることでした。努力《どりょく》が実ったのは、二〇一六年のリオデジャネイロオリンピック。団体総合《だんたいそうごう》で金メダルをとることができたのは、本当にうれしかったです。

大きな目標《もくひょう》だっただけに、達成《たっせい》した後は、燃《も》えつきたようになりました。次の目標《もくひょう》へ、また一から始める気持ちには、なかなかなれませんでした。

でも、燃《も》えつきた後に残《のこ》ったのは、勝ち負けは関係《かんけい》なく、「自分の体操《たいそう》を極《きわ》めたい」という気持ちでした。自分が理想とする「美しい体操《たいそう》」にどれだけ近づくことができるのか。そこに挑《ちょう》戦《せん》する気持ちで、新しいスタートを切ることにしました。

信念《しんねん》を持って進めばいつか必《かなら》ず花が咲《さ》く

いまは理想を追いつつ、試合《しあい》でも結《けっ》果《か》を出せるように努力《どりょく》しています。課《か》題《だい》も多く、結果《けっか》もあまり出せていないので、現状《げんじょう》には満足《まんぞく》していません。でも、信念《しんねん》を持って前に進みたいと思います。過程《かてい》はきちんと積《つ》んできているので、波はあっても、いつか必《かなら》ず花が咲《さ》くときがあるはずです。

話してハッケン!

トモ
7歳《さい》から毎日体操《たいそう》をしているなんて、すごいなあ。アキちゃんも、ずっとピアノをやってるよね?

うん。わたしはピアノだけど、田《た》中《なか》さんの気持ち、よくわかるなあ。

アキ
演奏会《えんそうかい》で慎重《しんちょう》になりすぎるとか?

そうそう。緊張《きんちょう》して、簡単《かんたん》なところもミスしちゃうの。

「完璧《かんぺき》にひかなきゃ」ってあせりすぎるのかな?

うん。でも、田中《たなか》さんの話を読んで、もっと楽しもうって思った!

田中《たなか》さんからみなさんへ

さまざまな経験《けいけん》から自分の向き、不向《ふむ》きがわかるようになるので、まずは前向きにチャレンジをしてみてください。チャレンジの後は成功《せいこう》も失敗《しっぱい》もあって、失敗《しっぱい》はいやだけど得《え》るものも多いはず。「失敗《しっぱい》のない日はチャレンジしなかった日」という気持ちで飛《と》びこんでみてください。

パラ水泳選手《せんしゅ》

木《き》村《むら》敬《けい》一《いち》さん

長所 言われたことを一生懸命《いっしょうけんめい》やる

短所 新しいことに挑戦《ちょうせん》できない

「挑戦《ちょうせん》することが短所の克服《こくふく》につながる」

初出場《はつしゅつじょう》や初《はつ》メダルよりもうれしかったリオパラ

ぼくの長所は、あたえられたことを一生懸命《いっしょうけんめい》やるところです。パラリンピックでそれなりに結果《けっか》を残《のこ》せてきたのも、この性格《せいかく》のためだと思います。

高校三年生のとき十七歳《さい》で、北京《ペキン》パラリンピックに初出場《はつしゅつじょう》しました。このときは、出場できただけで満足《まんぞく》していたんです。でも、帰国してからはメダルがほしいと思うようになり、大学生で挑《いど》んだロンドンパラリンピックで、初《はじ》めてのメダルを獲得《かくとく》しました。

ただ、ぼくの中で一番印象《いんしょう》が強いのは、それから四年後のリオデジャネイロパラリンピックです。なぜなら、そこに向かうまでの四年間でやった準備《じゅんび》が、それまでの二大会とはくらべものにならないほど、濃密《のうみつ》だったからです。あたえられたことを一生懸命《いっしょうけんめい》にやるという、ぼくの長所がもっともいかされた四年間でした。練習をさぼった記憶《きおく》もないですし、あたえられたトレーニングは、すべてをきちんとやりとげたと思います。

どんなにつらくても四年で終わる

強くなるためには、どんなに苦しくても、一生懸命《いっしょうけんめい》にやる時期が絶対《ぜったい》に必《ひつ》要《よう》だと思います。そこを超《こ》えていかないと、自分の強さというのはなかなか出てきません。でも、ぼくは水泳を始めたのがおそかったので、その時期がリオパラリンピックの前の四年間に来たんだと思います。

ただ、ぼくも、「何で、こんなに練習しているんだろう」とか、いろいろと余計《よけい》なことを考えてしまい、つらいこともありました。でも、「長くても四年間で終わるんだから」と自分に言い聞かせて、一生懸命《いっしょうけんめい》乗り越《こ》えていきました。

プロフィール

1990年滋賀県《しがけん》生まれ。2歳《さい》で完全《かんぜん》に視力《しりょく》を失《うしな》う。筑波大学附属盲学校《つくばだいがくふぞくもうがっこう》（現在《げんざい》の筑波大学附属視覚特別支援学校《つくばだいがくふぞくしかくとくべつしえんがっこう》）在学時《ざいがくじ》に2008年北京《ペキン》パラリンピックに出場。2012年ロンドンパラリンピックで銀メダルと銅《どう》メダル、2016年リオデジャネイロパラリンピックで銀メダル2つと銅《どう》メダル2つを獲得《かくとく》。現在《げんざい》は、東京ガス株式会社《かぶしきがいしゃ》で働《はたら》きながら競技《きょうぎ》を続《つづ》けている。

2016年リオデジャネイロパラリンピックで、銀メダルを獲得《かくとく》した木《き》村《むら》さん。

がまんしながらでも続《つづ》けていると、求《もと》めた結果《けっか》ではなかったとしても、後《こう》悔《かい》しないと思います。「あれだけやった」という自信《じしん》になりますし、損《そん》することはありません。

目が見えなくても一生懸命《いっしょうけんめい》やるだけ

目が見えなくて生まれたのも、言ってみれば、あたえられたもののひとつなんです。

ほかの人から見れば、特殊《とくしゅ》な人生に見えるかもしれませんが、ぼくは生まれたときから目が見えません。自分の意志《いし》で特殊《とくしゅ》な生き方をしているのではなく、目が見えなくてもできることを一生懸命《いっしょうけんめい》やっているだけなのです。

たとえば、ぼくたちのような目が見えない人は、目が見える人とはちがう学校に通いますが、そうした学校は、それほど数が多いわけではありません。そして、学校を卒業《そつぎょう》して自立していこうと思ったら、「こうするしかない」という道がある程度《ていど》用意されているのです。

ぼくは、あたえられたその道を着実に歩んできたということです。

左からロンドンパラリンピックの銅《どう》・銀メダル、リオデジャネイロパラリンピックの銀・銅《どう》メダル。視覚障《しかくしょう》がい者《しゃ》が判別《はんべつ》できるよう、ロンドン大会でのメダルは点字が打たれ、リオデジャネイロ大会でのメダルは種類《しゅるい》ごとにちがう音が鳴るように工夫《くふう》されている。

「小さいころはほこれるものがなかったので、小学校4年生から水泳に打ちこめたことが、ぼくの自信《じしん》につながりました」と木村《きむら》さん。

他人《ひと》から見ると!?

同じ会社で働《はたら》く山田航也《やまだこうや》さん（東京ガス）

木村《きむら》さんは、どんなところでも人を魅了《みりょう》する、いわゆる「愛《あい》されキャラ」ですね。だから、人を呼《よ》び寄《よ》せる力がすごい。まわりに自然《しぜん》と人が集まってくるから、よい人にもよい環境《かんきょう》にも出会えるんだと思います。だからこそ、木村《きむら》さん自身もあたえられた環境《かんきょう》を、素直《すなお》に受け入れられるのでしょうね。

短所克服《こくふく》のために新たな挑戦《ちょうせん》をしたい

一方で、ぼくの短所は、自分から動けない、新しいことに挑戦《ちょうせん》できないところです。

あたえられたことをやっているだけでは、現状維持《げんじょういじ》が精《せい》いっぱいだと感じています。自分で考えて、自分から動かないと、これ以上《いじょう》は水泳選手《せんしゅ》として上に上がっていけないと感じるようになりました。

だから、いまの課題《かだい》は、新しいことにチャレンジしていくことです。チャレンジすることが、短所の克服《こくふく》になると思っています。

選手《せんしゅ》としてある程度《ていど》のレベルまで上がってきたわけですから、いまをいかす意味でも、自分で何かを切り開く力をつけていきたいと思っています。

どれだけがんばったかで思い出の濃《こ》さが決まる

ぼくは、なやんだりしながらも、あたえられたことは一生懸命《いっしょうけんめい》やってきました。だから、パラリンピックをふり返って、とくにロンドンからリオの間《あいだ》の四年間というのは、とても印象《いんしょう》深く残《のこ》っています。

思い出というのは、よいものも悪いものも、思いきりやったときに残《のこ》るものです。思い出の濃《こ》さは、出来事の大きさではなくて、どれだけ自分が一生《いっしょう》懸命《けんめい》取り組んだかで決まる、とぼくは思っています。

ですから、みなさんも、結果《けっか》がどうなるかをおそれるのではなくて、いま、自分がどれだけがんばれるかを考えてほしいと思います。いま、生きている瞬間《しゅんかん》をまっとうする。一生懸命《いっしょうけんめい》やることで、それを思い出に変《か》えていってほしいですね。

話してハッケン！

ソラ

新しいことに挑戦《ちょうせん》することが、短所の克服《こくふく》になるんだって！

ユイ

「朝寝坊《あさねぼう》しない」とか「おしゃべりしない」とか、何かをしないことが短所の克服《こくふく》だと思ってた。

何でもいいからやってみようかな、って気持ちになるね。

ねえ、今度、わたしにサッカー教えてよ。わたしはバスケットボールを教えてあげるからさ。

あっ、いいね。いろいろ発見があるかもしれない！

木村《きむら》さんからみなさんへ

子どものころは、自分の個性《こせい》よりも、友達《ともだち》の個性《こせい》、とくに短所が見えることが多いかもしれません。でも、大人になると、人の短所も「おもしろいな」と思って、人の個性《こせい》を楽しめるようになります。そんな人生の楽しみ方を、早く見つけてほしいですね。

元陸上競技《りくじょうきょうぎ》選手《せんしゅ》

柏《かしわ》原《ばら》竜《りゅう》二《じ》さん

長所 集中力が高い

短所 自分の世界に入りがち

「現役《げんえき》を引退《いんたい》したら前向きになってきた」

プロフィール

1989年福島県《ふくしまけん》生まれ。中学生で陸上競技《りくじょうきょうぎ》を始め、東洋大学在学時《とうようだいがくざいがくじ》、箱根駅伝《はこねえきでん》で4年連続《れんぞく》山登りの区間を走り、区間記録《きろく》を3回更新《こうしん》。「山の神」と呼《よ》ばれた。大学卒業後《そつぎょうご》、富士通株式会《ふじつうかぶしきがい》社《しゃ》の陸上競技部《りくじょうきょうぎぶ》に入部し、2017年に引退《いんたい》。陸《りく》上競技部《じょうきょうぎぶ》は退部《たいぶ》したものの、社員として会社に残《のこ》り、陸上競技《りくじょうきょうぎ》を広める活動などに携《たずさ》わる。

2016年の東日本実業団陸上競技選手権大会《ひがしにほんじつぎょうだんりくじょうきょうぎせんしゅけんたいかい》で、10000メートル走を走る柏原《かしわはら》さん。

長所でも短所でもある持ち前の集中力

わたしの長所は、集中力が高いところだと思います。でも、集中しすぎて自分の世界に入ってしまい、まわりのことが見えなくなってしまうときがあります。だから、集中力が高いところは、長所であると同時に、短所でもあるのです。中学生のときに陸上競技《りくじょうきょうぎ》の長距離走《ちょうきょりそう》を始め、二十七歳《さい》で現役《げんえき》を引《いん》退《たい》するまで、競技中《きょうぎちゅう》は、この集中力が役に立ち、たくさんの記録《きろく》を残《のこ》すことができました。

しかし、引退《いんたい》して陸上競技《りくじょうきょうぎ》以外《いがい》の仕事をするようになると、競技《きょうぎ》に打ちこんでいたこれまでとちがい、いろいろな人とかかわりながら仕事をする立場になり、自分の世界に入りこんでいるだけでは、いけないことに気づきました。自分の考えが、必《かなら》ずしも正しいとは限《かぎ》らない。正しいとしても、ほかの人の意見を聞くと、もっとよいアイディアが生まれるかもしれない。人の話を聞いて、その人がなぜそう思うのかを理解《りかい》することが大切だと知りました。

最初《さいしょ》のうちは、これがとても難《むずか》しいことでした。人の意見を聞いていても、あまり納得《なっとく》できなかったのです。でも、いまはだいぶ変《か》わってきました。最初《さいしょ》は「ちがうな」と思っていても、話を聞いているうちに、自分の考えと似《に》ている部分が見つかることがあります。それがきっかけで、相手がそう考えた理由がわかると、「なるほど！」と思えるようになりました。

「帰宅部《きたくぶ》」希望《きぼう》からトップアスリートへ

陸上競技《りくじょうきょうぎ》を始めたのは、中学校のときです。本当は、部活動に参加《さんか》しない「帰宅部《きたくぶ》」がよかったのですが、親に反対されたので、長距離走《ちょうきょりそう》を始めました。実際《じっさい》に始めてみたら、練習がきつくて、最初《さいしょ》はまったく楽しいとは思えませんでした。でも、いつからか、走れば走るほどタイムがよくなってきて、どんどんのめりこんでいったのです。もともと人見知りな性格《せいかく》だったこともあり、チームプレーよりも、個人競技《こじんきょうぎ》の長距離走《ちょうきょりそう》のほうが向いていたのかもしれません。高校生になると、大きな大会に出場して記録《きろく》を出すようになりました。

高校時代は、恩師《おんし》から「真面目《まじめ》すぎる。もっと柔軟《じゅうなん》に物事を考えなさい」とよく言われました。いまは、だいぶ柔《じゅう》軟《なん》になったでしょうか。でも、性格《せいかく》は、人から言われて変《か》えたほうがいい部分もあれば、変《か》えないほうがいい部分もあると思っています。わたしの場合は、真面目《まじめ》すぎると言われてしまうほどコツコツと努力《どりょく》したので、結果《けっか》も出たのでしょう。高校卒業後《そつぎょうご》も、東洋大学《とうようだいがく》や、富士通株式会社《ふじつうかぶしきがいしゃ》の陸上競技部《りくじょうきょうぎぶ》で長距離《ちょうきょり》走《そう》に打ちこむことができました。

引退《いんたい》は、終わりではない新たな歩みを見てほしい

スポーツ選手《せんしゅ》の多くが言われるように、わたしの引退《いんたい》についても、「残念《ざんねん》」との言葉をたくさんもらい、とてもありがたい気持ちになりました。でも、引退《いんたい》した選手《せんしゅ》の人生は、そこで終わりではありません。まだまだ続《つづ》いていくのです。

だからわたしは、いままで応援《おうえん》してくれた人たちに、引退後《いんたいご》も前向きに歩む姿《すがた》を見てもらいたいと思いました。スポーツ選手《せんしゅ》が引退後《いんたいご》も活躍《かつやく》できるようにならないと、スポーツ選手《せんしゅ》をめざす子どもたちも、現役《げんえき》の選手《せんしゅ》も、その家族も心配ですよね。わたし自身が活《かつ》躍《やく》することで、その心配をなくしたいと思ったのです。

まったくちがう競技《きょうぎ》のマネージャーに

引退後《いんたいご》の最初《さいしょ》の仕事は、会社のアメリカンフットボール部のマネージャーとして選手《せんしゅ》とかかわることでした。陸《りく》上《じょう》競技《きょうぎ》しかやってこなかったわたしが、役に立てることなんてあるのだろうか。最初《さいしょ》はとても不安《ふあん》でした。

でもアメリカンフットボール部の選《せん》手《しゅ》たちは、右も左もわからないわたし

「運動部を盛《も》り上げたい」と話す柏原《かしわばら》さん。柏原《かしわばら》さんの会社には、陸上《りくじょう》競技部《きょうぎぶ》のほかに、アメリカンフットボール部と女子バスケットボール部がある。

を快《こころよ》く受け入れてくれました。また、ちがう競技《きょうぎ》とはいえ、スポーツに打ちこんできたわたしは、より選手《せんしゅ》に寄《よ》りそった考えができるのだとも思います。つねに選手《せんしゅ》のことを考えて、精《せい》いっぱい行動した結果《けっか》、よい関係《かんけい》が築《きず》けたと思っています。

より大きな視点《してん》でスポーツとかかわりたい

いまは、別《べつ》の仕事に取り組んでいるので、アメリカンフットボール部のマネージャーはしていませんが、今後もさまざまな形で陸上競技部《りくじょうきょうぎぶ》やアメリカンフットボール部など、会社の運動部を盛《も》り上げていきたいと思っています。また、スポーツが種目《しゅもく》や企業《きぎょう》の枠《わく》に縛《しば》られることなく、自由に交流することで、スポーツ選手《せんしゅ》みんなで地域《ちいき》を盛《も》り上げていけたらいいな、とも考えています。

仕事を通じて生まれてきた前向きな考え方

わたしは、もともと後ろ向きな性格《せいかく》で、人の顔色を気にするタイプだったのですが、最近《さいきん》は「とにかくやってみよう!」と思えるようになってきました。会社で、さまざまな経験《けいけん》をしたから、そう考えられるようになったのだと思います。

そんな中で、元アスリートのわたしだからこそできることを、見つけていきたいと思います。そのためには、まずは行動してみることが大切だと考えています。

わたしの第二の人生は、まだ始まったばかり。「柏原《かしわばら》はおもしろいことをしているなあ」と、社内の人はもちろん、社外の人からも思ってもらえるよう、さまざまな仕事に取り組んでいきたいです。

話してハッケン!

ソラ
ぼくも、集中しすぎるとまわりが見えなくなるんだよね。

トモ
電車でオンラインゲームをしたときも、気がついたら降《お》りる駅をすぎちゃったっけね。

そうそう。ゲームをしたり動画を見たりしていると、ついついまわりが見えなくなる。

ユイ
それって集中してるんじゃなくて、夢中《むちゅう》になってるだけだよ。

えー。夢中《むちゅう》なときも、集中してると思うんだけどなあ。

柏原《かしわばら》さんからみなさんへ

夢《ゆめ》は、ひとつに決めなくていいんですよ。わたしはパン屋さんや動物園の飼育員《しいくいん》さんになりたかったけれど、陸上競技《りくじょうきょうぎ》の選手《せんしゅ》になりました。どんな道が待っているかはわからないから、いろいろなことに取り組んでみてください。

ウィルチェアーラグビー選手《せんしゅ》

倉《くら》橋《はし》香《か》衣《え》さん

長所 意志《いし》が強い、行動力がある

短所 ひとつのことに集中しすぎる

「性別《せいべつ》や障《しょう》がいと関係《かんけい》なく活躍《かつやく》する選手《せんしゅ》になりたい」

自分の意志《いし》を曲げない頑固《がんこ》な一面も

わたしの長所は、意志《いし》が強いところだと思います。それから、こうと決めたことにまっすぐつき進む、行動力があるところでしょうか。

といっても、実際《じっさい》に行動するまでには、なやむこともあります。そんなときは、人の意見を聞くようにしています。でも、意見をすべて受け入れるわけではありません。「自分の考え方とちがうなあ」と思ったことは、受け入れないことも多いです。自分の意志《いし》が強い反面、頑固《がんこ》なのかもしれませんね。

迷《まよ》ったときや失敗《しっぱい》したときも、切りかえは早いほうかもしれません。

切りかえの早さは、ウィルチェアー※ラグビー（車いすラグビー）にもいかされています。試合中《しあいちゅう》にミスをしたときでも、すぐに気持ちを切りかえて次のプレーに集中できるのは、この長所のおかげだと思います。

車いすラグビー以外《いがい》に興味《きょうみ》が持てない

わたしの短所は、ひとつのことに集中しすぎてしまうところ。いまは、車いすラグビーに夢中《むちゅう》なので、ほかのことにはあまり興味《きょうみ》が持てません。

日本代表選手《せんしゅ》になって取材《しゅざい》を受ける機会《きかい》が多くなったのですが、「趣味《しゅみ》は？」とか「好《す》きな音楽は？」という質問《しつもん》をされても、うまく答えられません。

ふだんは、会社で働《はたら》きながら、ラグビーの練習にはげむ日々《ひび》です。ラグビー以外《いがい》に視野《しや》を広げるのもいいことだと思うのですが、いまのところあまりできていないですね。

また、人の話をちゃんと聞いてはいますが、興味《きょうみ》のないことだと、つい聞き流してしまって覚《おぼ》えていないこともあります。こういうところは、これから直していきたいと思っています。

プロフィール

1990年兵庫県《ひょうごけん》生まれ。スポーツ事故《じこ》が原因《げんいん》で障《しょう》がいを負い、その後、ウィルチェアーラグビーと出会う。強豪《きょうごう》チームBLITZ《ブリッツ》で活動し、2017年、日本代表強化指定選手《せんしゅ》に、女子選手《せんしゅ》として初《はじ》めて選出《せんしゅつ》される。株式会社商船三井《かぶしきがいしゃしょうせんみつい》で働《はたら》きながら、競技《きょうぎ》にはげんでいる。

競技用《きょうぎよう》の車いすに乗ってプレーする倉橋《くらはし》さん。

※ウィルチェアーラグビー……ラグビーやバスケットボール、アイスホッケーなどが組み合わさった球技《きゅうぎ》。競技専用《きょうぎせんよう》の車いす（ウィルチェアー）に乗った選手《せんしゅ》が、4対4で対戦《たいせん》する。ボールをパスしたりひざに乗せたりして運び、ボールを持ちながら車いすがトライラインに達《たっ》すると得点《とくてん》となる。

ふっ飛《と》ばされても楽しい大好《だいす》きな競技《きょうぎ》

わたしは、小学一年生から高校三年生まで、ずっと体操《たいそう》の選手《せんしゅ》でした。大学に入ってトランポリンを始めたのですが、三年生のときに、練習中の事故《じこ》が原因《げんいん》で頸髄《けいずい》という神経《しんけい》を損傷《そんしょう》。両手両脚《りょうあし》が動かせなくなり、車いすで生活することになりました。

リハビリの一環《いっかん》で、陸上《りくじょう》や水泳など さまざまな競技《きょうぎ》を体験《たいけん》したのですが、一番興味《きょうみ》をひかれたのが、車いすラグビーでした。初《はじ》めて見たときは、衝撃《しょうげき》を受けました。車いすどうしが、派手《はで》にぶつかり合っていたのです。

車いすでの生活になってからは、危《き》険《けん》だからという理由で、「あれはだめ!」「これもだめ!」と、行動を制《せい》限《げん》されていました。そんな生活に、少しストレスを感じていたのかもしれません。そんなときに、車いすごと転んだり、ふっ飛《と》ばされたりしている人たちを見たんです。おどろいたと同時に、何だか心がスカッとしました。

車いすどうしが激突《げきとつ》する競技《きょうぎ》は、車いすラグビー以外《いがい》にありません。しかも、これは男女混合《こんごう》の競技《きょうぎ》です。男の人にぶつかられると、強いしょうげきを受けてふっ飛《と》ばされてしまいます。

自分より体格《たいかく》のよい男子選手《せんしゅ》と激《はげ》しくせり合う倉橋《くらはし》さん。

友達《ともだち》には、弱音をはいてしまうという倉橋《くらはし》さん。「弱音を口に出して気持ちをスッキリさせているからこそ、次の行動に移《うつ》れるのかも」と笑《わら》う。

他《ひ》人《と》から見ると!?

BLITZ《ブリッツ》のメンバー
(倉橋《くらはし》さんのチームメイト)

倉橋《くらはし》さんは、いつも明るいですね。競技中《きょうぎちゅう》も楽しそうです。いつも笑《わら》っているから、真剣《しんけん》な場面では、少しふざけているように見えることがあるくらいです。でも、監督《かんとく》からは、「どんなに強いチームと対戦《たいせん》するときでも、動じないで、にこにこしている姿《すがた》がいい」とほめられていたことも。彼女《かのじょ》は、チームのムードメーカーなのだと思います。

不安《ふあん》なんて感じない前向きな気持ちでプレー

わたしは、車いすどうしでぶつかることを、こわいとは思いません。むしろ、すごい勢《いきお》いでぶつかってきてくれたほうが楽しいくらいです。これは、車いすラグビーでしか体験《たいけん》できないことだから、「来た来た!」と、うれしくなるのです。

ケガをすることもありますが、不安《ふあん》よりも、次は転ばないようにしようと、頭を切りかえて前向きな気持ちでプレーしています。

日本代表チームに欠《か》かせない選手《せんしゅ》になりたい

日本代表に選《えら》ばれてからは、いままで以上《いじょう》に多くの方に応援《おうえん》してもらっています。自分が注目されることよりも、車いすラグビーという競技《きょうぎ》を知ってもらえることがうれしいです。

自分自身としては、もっとがんばらなくては、という気持ちが日ごとに強くなっていますね。車いすラグビーでは、性別《せいべつ》や障《しょう》がいのレベルが、チームのメンバー構成《こうせい》に影響《えいきょう》します。女性《じょせい》であり、障《しょう》がいが重いわたしは、ほかの人よりメンバーに選《えら》ばれやすいといわれることがあります。でも、そういうこととは関係《かんけい》なく、日本代表チームに欠《か》かせない選手《せんしゅ》だから呼《よ》ばれているのだと、胸《むね》を張《は》れるようになりたいです。そのためにも、監督《かんとく》に言われたことを大切にしながら、精《せい》いっぱい練習に取り組んでいます。

目標《もくひょう》は、二〇二〇年に東京で開催《かいさい》されるパラリンピックで、日本代表メンバーに選《えら》ばれて、コートで活躍《かつやく》すること! いまはそれしか考えられないので、目標《もくひょう》に向かってつき進んでいきたいです。

話してハッケン!

行動力があるってあこがれるな~。
アキ
アキちゃんだって、図書委員に立《りっ》候補《こうほ》したじゃない。
先生
えっ。あれは、体育委員をやりたくなかったからですよ。
立候補《りっこうほ》するなんて、勇気《ゆうき》があるよ。春の遠足でも班長《はんちょう》やったしね!
ソラ
遠足の班長《はんちょう》は、みんながやれって言ったからだし。
アキちゃんが班長《はんちょう》に向いてると思ったから、推薦《すいせん》してくれたのよ。

倉橋《くらはし》さんからみなさんへ

「自分はこういう人間なんだ」と決めつけなくていいんですよ。苦手なことがあってもいい。学校という限《かぎ》られた世界の中だけで、自分を判断《はんだん》しないで、自分の世界を広げるきっかけとなるような、興味《きょうみ》のあることを探《さが》してみてください!

ボッチャ選手《せんしゅ》

廣《ひろ》瀬《せ》隆《たか》喜《ゆき》さん

長所 どんなときも緊張《きんちょう》しない

短所 いろいろと考えすぎてしまう

「だれでも、できることとできないことがある」

子どものころは引っこみ思案《じあん》で人見知り

自分の性格《せいかく》について、あまり深く考えたことはありません。まわりの人からは「大会で緊張《きんちょう》しないよね」と、よく言われます。「緊張《きんちょう》しない」が、いまのぼくの長所かもしれません。

ボッチャというスポーツは、ジャックボール（目標球《もくひょうきゅう》）という白いボールをめがけて順番《じゅんばん》に自分のボールを投げ、より近づけたほうが勝ちという単純《たんじゅん》なルールなのですが、レベルが高くなると数ミリの差《さ》が勝敗《しょうはい》を分けます。だから、緊張《きんちょう》しないでいつも通り投げることはとても大切なのです。

でも、ぼくは、むかしから堂々《どうどう》としていたわけではありません。頭でいろいろと考えすぎてしまうところがあって、人とコミュニケーションをとるのが苦手でした。人見知りだし、引っこみ思案《じあん》。緊張《きんちょう》して、人とうまく話すこともできなかったほどです。

ボッチャとの出会いで短所が長所に

ぼくがボッチャを始めたのは、高校三年生のときです。もともとスポーツが好《す》きで、中学のころはビームライフル※を、高校では車いす陸上競技《りくじょうきょうぎ》をやっていました。でも、高校三年生のころ、陸上《りくじょう》で思うようにタイムが出せなくなりました。卒業後《そつぎょうご》もスポーツを続《つづ》けたいけれど、陸上《りくじょう》でいいのかなやんでいたのです。そんなときに、すすめられたのがボッチャでした。

ボッチャはルールこそ単純《たんじゅん》ですが、とても頭を使う競技《きょうぎ》です。相手がどんなボールを投げてくるか、二手三手先を読まなくてはいけない頭脳戦《ずのうせん》。じつは、それがぼくに向いていたのです。短所につながることが多かった「考えすぎてしまう」という点が、ボッチャではプラスになったのです。思いえが

★プロフィール★

1984年千葉県《ちばけん》生まれ。生まれつき脳性《のうせい》まひにより体が不自由《ふじゆう》。市原《いちはら》ボッチャクラブ所属《しょぞく》。多くの国内大会、国際《こくさい》大会において好成績《こうせいせき》を残《のこ》し、パラリンピックは、北京《ペキン》、ロンドン、リオと3大会連続《れんぞく》出場を果《は》たす。現在《げんざい》も日本のボッチャ界を引っ張《ぱ》るエースとして活躍中《かつやくちゅう》。

2016年リオデジャネイロパラリンピックの団体戦《だんたいせん》で、日本史上初《しじょうはつ》の銀メダルを獲得《かくとく》。チームメイトやスタッフと表彰台《ひょうしょうだい》に上がった廣《ひろ》瀬《せ》さん（下段《げだん》左から2番目）。

※ビームライフル……競技用《きょうぎよう》の光線が出る銃《じゅう》のこと。標的《ひょうてき》に向かって撃《う》ち、成績《せいせき》を競《きそ》う競技《きょうぎ》。

いていた通りにプレーできたときの快《かい》感《かん》がクセになり、ぼくはどんどんボッチャにのめりこんでいきました。

緊張《きんちょう》しなくなったのは自信《じしん》がついたから

ボッチャは思いもよらず、ぼくの人見知りな性格《せいかく》も改善《かいぜん》してくれました。人見知りをしていたら、チームメイトやコーチとコミュニケーションがとれませんからね。少しずつ自分の思いを話せるようになり、いまでは、団体戦《だんたいせん》のとき、仲間《なかま》と目を合わすだけで意思疎通《そつう》ができるほどです。

緊張《きんちょう》も、たくさんの大会を経験《けいけん》するうちに、だんだんと和《やわ》らいでいきました。人前に出ることに慣《な》れたのもありますが、成績《せいせき》を積《つ》み上げることで自信《じしん》がついたからかもしれません。

変《か》わろうと思って変《か》わったわけではないですが、人は置《お》かれた環境《かんきょう》によって変《か》わることができるのだと思います。

一人もいいけれどみんなでやるとより楽しい

スポーツには、体を思いっきり動かす楽しさもありますが、仲間《なかま》と同じ気持ちを分かち合えるのも大きな魅力《みりょく》です。そのように思えるようになったのも、ボッチャを通していろいろな選手《せんしゅ》と出会い、交流してきたからかもしれません。ボッチャの醍醐味《だいごみ》は、相手との心理戦《しんりせん》です。相手の思考を読んで駆《か》け引きするのがすごくおもしろい。自分の世界に入ってプレーしているように見えるかもしれませんが、じつはしっかり交流しているのです。

一人でもくもくと技《わざ》を磨《みが》くのもいいけれど、ぼくはやっぱり、みんなでプレーするのが楽しい。チーム戦《せん》で勝てたときの喜《よろこ》びは格別《かくべつ》です。二〇一六年リオデジャネイロパラリンピックの団《だん》体戦《たいせん》で銀メダルを獲得《かくとく》し、チームみんなで表彰台《ひょうしょうだい》に上がったときは、最高《さいこう》にうれしかったです。

障《しょう》がいがあることになやんだことはない

ボッチャは、大人も子どももお年寄《としよ》りも、障《しょう》がいがあってもなくても、みんなが同じルールでプレーを楽しめるスポーツです。自分ではボールが投げられないほどの重い障《しょう》がいがある人でも、ランプという器具《きぐ》を使ってプレー

2012年ロンドンパラリンピックに出場した廣瀬《ひろせ》さん。応援《おうえん》も大きな力になったという。

することができます。どんな人でもハンディキャップなしで競《きそ》えるって、魅《み》力的《りょくてき》だと思いませんか。だから、もし障《しょう》がいなどを理由にスポーツをあきらめている人がいるなら、ぜひ挑戦《ちょうせん》してみてほしいと思います。

ぼく自身は、体に障《しょう》がいがあることに対してなやんだり、つらいと思ったことはありません。生まれつきだからというのもあるかもしれませんが、できること、できないことがあるのは、だれでも同じです。障《しょう》がいを持っているからと、なやんだりつらいと思わなくていいのではないでしょうか。

人の力を借《か》りるのは悪いことではない

ぼくは、なやんだときや困難《こんなん》があったときは、まわりの人に相談したほうがいいと思います。自分だけで解決《かいけつ》しようとする人も多いかもしれませんが、人の力を借《か》りるのは悪いことではありません。

実際《じっさい》、ぼくがこうしてボッチャをできるのも、将来《しょうらい》をなやんだときにボッチャをすすめてくれた学校の先生がいたから、ボッチャの審判《しんぱん》の資格《しかく》までとって応援《おうえん》してくれる母がいたから、そのほかにも、本当にたくさんの人に支《ささ》えてもらっているからだと思っています。だからこそ、支《ささ》えてくれているみなさんに感謝《かんしゃ》の気持ちを持って、自分のできることを精《せい》いっぱい取り組むことが大切だと思うのです。

ボッチャ選手《せんしゅ》であるぼくが、いまできることは、試合《しあい》でいい結果《けっか》を残《のこ》すこと。いい結果《けっか》を出して注目してもらえれば、ボッチャをより多くの人に知ってもらうことができます。みんなにあこがれてもらえるような選手《せんしゅ》になって、ボッチャを広めること。それがぼくの役割《やくわり》かなと思っています。

話してハッケン！

アキ：人にたよっていいんだよって、あまり言《い》われないよね。

ユイ：自分でやりなさいとか、自分で考えなさいはよく言われるけどね。

どうしてなやみって一人でかかえちゃうんだろう。

うーん、人に言うのがはずかしいからかなあ。

わたしにでも？

アキは何でも聞いてくれるから話せるかな。いつも聞いてくれてありがとう。

廣瀬《ひろせ》さんからみなさんへ

自分のいいところ、よくないところは、人生を歩んでいく中で見つけられるし、自分の力で変《か》えることだって、克服《こくふく》することだってできます。急がずゆっくり探《さが》していけばいい。なやんだときは人にたよってもいいんだよ。

元プロバスケットボール選手《せんしゅ》

大《おお》神《が》雄《ゆう》子《こ》さん

長所　声が大きい、ポジティブ

短所　だれにでも話しかけてしまう

「失敗《しっぱい》したことが次は背中《せなか》を押《お》してくれる」

チームの司令塔《しれいとう》として大きな声がメリットに

わたしの長所は、声が大きく、ポジティブな考えを持っていることです。

身長は一七〇センチメートルと、バスケットボール選手《せんしゅ》としては、それほど大きくはありません。だから、ポイントガードというポジションで、チームの司令塔《しれいとう》として指示《しじ》を出すときは、小柄《こがら》なぶん、「大きい声ではっきりしゃべる」という長所が大いに役に立ちました。

また、失敗《しっぱい》をおそれず、何事も前向きにとらえるポジティブさがあったからこそ、アメリカや中国のリーグでプレーすることができたのだと思います。

わたしは、人に会ったときは自分から、大きな声であいさつすることを心がけています。あいさつは人と人との出会いの始まりであり、自分の第一印《いん》象《しょう》を決める大事なもの。それに、あいさつをされて、いやな気持ちになる人はいませんね。だから、元気なあいさつはわたしの基本《きほん》です。

ポジティブの原点はチームメイト

バスケットボールは、つねに喜怒哀《きどあい》楽《らく》と向き合うスポーツです。パスミスや、シュートの失敗《しっぱい》で落ちこむこともありますが、くやしさを引きずったま

プロフィール

1982年山形県《やまがたけん》生まれ。高校時代に7度の全国制覇《せいは》を成《な》しとげ、日本代表としてオリンピックや世界選手権《せんしゅけん》でも活躍《かつやく》する。アメリカ女子プロバスケットボールリーグWNBA《ダブリュー エヌ ビー エイ》や中国リーグでもプレーし、2015年に国内復帰《ふっき》。2018年に現役引退《げんえきいんたい》。

「トヨタ自動車アンテロープス」に所属《しょぞく》し、チームのキャプテンを務《つと》めていたころの大神《おおが》さん。

までは、勝つことはできません。バスケットボールは試合《しあい》の流れが速いので、気持ちをパッと切りかえられるメンタルが必要《ひつよう》なのです。

でもじつは、むかしのわたしは、けっこう落ちこむタイプでした。負けずぎらいなので、失敗《しっぱい》を引きずって部屋に閉《と》じこもることもありました。そんなとき、いつも声をかけてくれたのが、一人のチームメイトでした。

あるとき、わたしは試合《しあい》で外してしまったシュートに納得《なっとく》できず、もくもくと打ち方の練習をしていました。すると、その選手《せんしゅ》がふらっと体育館に現《あらわ》れて、「ご飯《はん》食べに行こう！」と声をかけ、気持ちを切りかえさせてくれたのです。仲間《なかま》のさりげない気づかいがきっかけとなり、いつの間にか自分も前向きな人間に変《か》わっていきました。

キャプテンを務《つと》めて学んだ相手を尊重《そんちょう》することの大切さ

わたしは人と話すのが大好《だいす》きです。人見知りもしませんし、人自体に興味《きょうみ》があって、人が好《す》きなので、だれにでも話しかけてしまいます。でもそれが、短所となってしまうこともあります。たとえば、人と話すのが苦手な人に、がんがん話しかけたらどうでしょうか。相手は、「一方的《いっぽうてき》でいやな人だ」と思うにちがいありません。

わたしは、チームのキャプテンを務《つと》めた経験《けいけん》から、相手の気持ちを考えるということを学びました。チームをまとめるには、自分の考えをわかってもらおうとするだけでは、うまくいきません。キャプテンとして、ときには自分の感情《かんじょう》をおさえ、チームメイトの意見も受け止めたうえで、みんなに自分の意思を伝《つた》えなければならないのです。

小学校6年生のときの大神《おおが》さん。日本代表としてオリンピックに出場したいと思っていたという。

他人《ひと》から見ると!?

寺野一史《てらのかずふみ》さん（大神《おおが》さんのマネージャー）

大神《おおが》さんは、バスケットボール教室などで子どもたちに教えるのが上手です。わかりやすく教えられるのは、相手の立場に立って考えられるという、優《やさ》しさがあるからだと思います。強そうに見えて、繊細《せんさい》なところもあります。引退《いんたい》を決意したときも「なやんでいるな」というのがわかりました。でも、そんな大神《おおが》さんを見ていて、どんな道を選《えら》んでも何とかなる」ということを教えられた気がします。

失敗《しっぱい》は次の「準備《じゅんび》」を知るチャンス

わたしは、″ALL《オール》 IS《イズ》 WELL《ウェル》″（きっとうまくいく）という言葉が大《だい》好《す》きです。これは、チームメイトにすすめられて見た、インド映画《えいが》に出てくるセリフです。同じ物事でも、「失敗《しっぱい》したらどうしよう」と思ってやるのではなく、「きっとうまくいく」と思ったほうが、本当にうまくいくのです。

失敗《しっぱい》をおそれていては挑戦《ちょうせん》できません。失敗《しっぱい》しても、どんな準備《じゅんび》が足りなかったのか、気づけばいいのです。そうすれば、次はきっと成功《せいこう》するはずです。

選手《せんしゅ》は引退《いんたい》したけれどこれまで以上《いじょう》に輝《かがや》きたい

わたしは、八歳《さい》のときにバスケットボールを始めました。中学卒業後《そつぎょうご》、地元を離《はな》れて愛知県《あいちけん》の強豪校《きょうごうこう》に進学することも、自分で決めました。そこで出会った恩師《おんし》から、「世界で通用する選《せん》手《しゅ》を育てたい」という言葉を聞き、自分の一度きりの人生はバスケットボールにかけようと決意しました。

わたしは、自分が進む道を決めるとき、迷《まよ》うことはほとんどありません。

ただ、引退《いんたい》するときだけは、とても迷《まよ》いました。でもいまは、引退《いんたい》してよかったと思っています。なぜなら、引退《いんたい》するまでには考えもしなかった、新しい目標《もくひょう》ができたからです。これからは、日本バスケットボール協会《きょうかい》（JBA《ジェイビーエイ》）のアンバサダーとしてバスケットボールの普及《ふきゅう》や広報《こうほう》活動を行っていくことになりました。

バスケットボールの魅力《みりょく》を一人でも多くの人に伝《つた》えたい、生涯《しょうがい》楽しめる環《かん》境《きょう》を整えたい。今後は、選手《せんしゅ》のとき以《い》上《じょう》に、大きな声やポジティブさが役に立つのではないかと思っています。

話してハッケン！

ユイ：いつでも元気にあいさつしたり、話しかけたりするってすごいね。

トモ：うん。しかも、だれにでもするってところがすごいと思う。

ソラ：好《す》きな人も、苦手な人も、知らない人も、み一んなってことだもんね！

ぼくは、困《こま》っている人がいたら、だれでも助けてあげられるようになりたいな。

見てみよう！

『きっと、うまくいく』

インドのエリート大学に通う3人を主人公に、教育問題をテーマにした、笑《わら》いあり涙《なみだ》ありの青春ストーリー。

ハピネット

大神《おおが》さんからみなさんへ

何かに挑戦《ちょうせん》しようと思うとき、「できる」「できない」で判断《はんだん》していませんか。選択肢《せんたくし》は「やる」か「やらない」かです。「できない」は、自分の前に壁《かべ》をつくる言葉。まずは「やってみよう」と思うことで、一歩前に進めます。前向きに挑戦《ちょうせん》してみましょう。

柔道家《じゅうどうか》（東海大学《とうかいだいがく》女子柔道部《じゅうどうぶ》監督《かんとく》）

塚《つか》田《だ》真《ま》希《き》さん

長所 楽観的《らっかんてき》、素直《すなお》

短所 甘《あま》いところがある

「達成感《たっせいかん》や喜《よろこ》びが自分を強くしてくれる」

美術部《びじゅつぶ》に入るつもりが誘《さそ》われて柔道部《じゅうどうぶ》に

わたしが柔道《じゅうどう》を始めたのは、中学生のときです。小学生までは、運動よりも絵をかいたり本を読むことが好《す》きで、中学校では美術部《びじゅつぶ》に入ろうと思っていました。でも、友達《ともだち》に「いろんな部を見てみようよ」と誘《さそ》われて、運動《うんどう》系《けい》の部活動も見学に行ったとき、先輩《せんぱい》が「いい体しているね。柔道《じゅうどう》をやってみない?」と声をかけてくれたのです。その先輩《せんぱい》は柔道《じゅうどう》の軽量級《けいりょうきゅう》で、地元では有名な選手《せんしゅ》。そんな先輩《せんぱい》に声をかけてもらえたのがうれしくて、柔道部《じゅうどうぶ》に入ることにしました。

その後、高校、大学、社会人でも柔《じゅう》道《どう》を続《つづ》け、日本代表として、オリンピックにも二回出場しました。現在《げんざい》は、東《とう》海大学《かいだいがく》女子柔道部《じゅうどうぶ》の監督《かんとく》として三十人の学生を指導《しどう》するほか、全日本女子代表チームのコーチも務《つと》めています。

楽観的《らっかんてき》で素直《すなお》なところがメダル獲得《かくとく》につながった

そんなわたしの長所は、楽観的《らっかんてき》なところです。わたしは身長が一七〇センチメートルありますが、中学一年生のとき、すでに一六〇センチをこえていて、体重もありました。柔道部《じゅうどうぶ》の先輩《せんぱい》に声をかけられたときも、年ごろの女の子なら、「体が大きいね」と言われて落ちこむこともあると思いますが、わたしは前向きにとらえていました。

また、柔道選手《じゅうどうせんしゅ》として強くなれたのには、素直《すなお》な性格《せいかく》が大いに影響《えいきょう》していると思います。たとえばスランプで勝てなかった時期、周囲《しゅうい》の人に相談したことがありました。すると、「あなたは一生懸命《いっしょうけんめい》やっていると言うけれど、結果《けっか》が出ていないことには変《か》わりがない。納得《なっとく》のいく結果《けっか》を望《のぞ》むなら、もっと、どん欲《よく》にやるしかないんじゃないか」と言われたのです。わたしは「確《たし》

★プロフィール★

1982年茨城県《いばらきけん》生まれ。2004年アテネオリンピック柔道《じゅうどう》女子78kg超級《ちょうきゅう》で金メダル、2008年北京《ペキン》オリンピックで銀メダルを獲得《かくとく》。2010年に現役《げんえき》を引退《いんたい》し、現在《げんざい》は、東海大学《とうかいだいがく》女子柔道部監督《じゅうどうぶかんとく》として学生を指導《しどう》。全日本女子代表チームのコーチも務《つと》めている。

2004年アテネオリンピックで金メダルを獲得《かくとく》した塚田《つかだ》さん。過酷《かこく》な練習を乗りこえ、心技体《しんぎたい》のすべてがよい状態《じょうたい》で臨《のぞ》めたという。

かにその通りだ」とすんなり受け止めました。わたしは、「一生懸命《いっしょうけんめい》やった」と言い訳《わけ》をしていた自分に気づき、「もっといろいろ工夫《くふう》して練習してみよう」と気持ちを切りかえることができたのです。

選手《せんしゅ》のときは、まわりからきびしい指摘《してき》を受けることも多いのですが、わたしはいつも落ちこむことなく、相手の言葉を前向きに素直《すなお》に受け止め、力に変《か》えて、結果《けっか》を出してきました。

プレッシャーは、いつもありましたが、「自分が望《のぞ》んでやっていることなのだから、それくらい当然《とうぜん》だ」と前向きにとらえていたと思います。オリンピックの試合《しあい》の当日、畳《たたみ》の上に立つ直前は、「これまでがんばってきたことを、今日やっと出せる！」とワクワクしたことを覚《おぼ》えています。

自分の中の「甘《あま》さ」を先輩《せんぱい》が気づかせてくれた

一方で、わたしの短所としては、人から「勝負に対して甘《あま》い」と言われたことがあります。

中学生のころ、トレーニングで外に走りに行っても、すぐに歩いたりしていました。「だれも見ていないからいいだろう」とか、「さぼりたい」と思ってしまう横着な自分がいたのです。確《たし》かに、勝つためにがんばろうと思えない「甘《あま》いところ」があって、そんな自分がいやでした。

それがよい方向に変《か》わったのは、ある先輩《せんぱい》から、「まずは自分の弱い部分と向き合ってみろ」と言われたことがきっかけでした。

先輩《せんぱい》は「おそくてもいいから走れ」と言って、いっしょに走ってくれました。それで、がんばって走り続《つづ》けてみたら、いままで味わったことのない充《じゅう》実感《じっかん》が感じられたのです。

人を成長《せいちょう》させるのは達成感《たっせいかん》や喜《よろこ》び

また、こんなこともありました。わたしは柔道《じゅうどう》の練習のとき、強い相手と対戦《たいせん》するのがいやで、いつも腰《こし》が引けてしまっていました。それに気づいた先輩《せんぱい》が、ある日「ためしに一回、姿勢《しせい》をよくして、前に出てごらん。世界が変《か》わるよ」とアドバイスをしてくれたのです。その通りにやってみたら、本当に世界が変《か》わりました。自分でも前に出られたことがうれしくて、自信《じしん》も

「選手《せんしゅ》時代は、忘《わす》れものやなくしもの、時間の管理《かんり》などができていなかった」とふり返る塚田《つかだ》さん。指導《しどう》する立場になって、自分がまわりの人たちに支《ささ》えられていたことに気づいたという。

つき、相手を投げられるようにもなって、柔道《じゅうどう》がどんどんおもしろくなっていったのです。

「相手を倒《たお》したい」とか、「何が何でも勝ちたい」という気持ちからではなく、自分の中の達成感《たっせいかん》や喜《よろこ》びを感じたいという気持ちが何より大切でした。だからこそ、「勝つ」という結果《けっか》も得《え》られたのだと思っています。

選手《せんしゅ》の個性《こせい》を理解《りかい》しながら成長《せいちょう》をサポートしたい

指導者《しどうしゃ》になってわかったことは、教え方に正解《せいかい》はない、ということです。同じようにアドバイスをしても、選手《せんしゅ》によって受け止め方はさまざまで、うまくいく場合と、そうでない場合があるからです。

わたしは、一人ひとりの個性《こせい》や性格《せいかく》を分析《ぶんせき》し、どのような指導《しどう》をすればもっと力をのばせるかを、いつも考えています。そこが指導者《しどうしゃ》として難《むずか》しいところでもあり、おもしろいところでもあります。選手《せんしゅ》も必死《ひっし》でがんばっていると思いますが、指導《しどう》する側《がわ》にも、選手《せんしゅ》とはちがった別《べつ》の戦《たたか》いがあるのです。縁《えん》があって指導《しどう》している選手《せんしゅ》たちをしっかりバックアップできるように、指導《しどう》者《しゃ》として幅広《はばひろ》い方法論《ほうほうろん》を身につけていきたいです。

わたしのいまの目標《もくひょう》は、監督《かんとく》を務《つと》めている東海大学《とうかいだいがく》の女子柔道部《じゅうどうぶ》を、チームとして日本一にすることです。選手《せんしゅ》たちには、柔道《じゅうどう》を通じていい思い出と、自信《じしん》を持って卒業《そつぎょう》してもらいたいと思っています。

ときどき、選手《せんしゅ》や卒業生《そつぎょうせい》から、「先生のおかげで、自分の弱点をよい方向にもって行けた」とか、「自分に自信《じしん》がついた」などの報告《ほうこく》をもらうことがあります。そんなときはすごくはげみになりますし、うれしいですね。

話してハッケン!

アキ：きびしい指摘《してき》を素直《すなお》に聞けるなんてえらいよね。

ユイ：うん。自分の弱点とか短所を指摘《してき》されたら、「うるさい!」って腹《はら》がたっちゃう。

アキ：わたしも。「そんなのわかってる!」と思っちゃう。

ユイ：塚田《つかだ》さんはさあ、素直《すなお》だし正直なんだと思うな。

アキ：確《たし》かに!　自分の弱さを認《みと》められるんだもん。だから、人のアドバイスも聞けるんだね。

ユイ：そっかあ、しかられてるんじゃなくて、アドバイスをもらってるって考えればいいのかもね。

塚田《つかだ》さんからみなさんへ

いろんなことに挑戦《ちょうせん》してみましょう。何がおもしろくて何に興味《きょうみ》があるのかは、やってみなければわからないからです。たとえ失敗《しっぱい》することがあっても、それは挑戦《ちょうせん》したことの証《あかし》ですから、落ちこまないで、どんどん挑戦《ちょうせん》してください。

長所・短所を見つけよう！

性格《せいかく》や特徴《とくちょう》を表す言葉・表現《ひょうげん》①

個性《こせい》や人の特徴《とくちょう》を表す言葉・表現《ひょうげん》は、たくさんあります。自分や友達《ともだち》の長所・短所を考えたり、物語の登場人物の性格《せいかく》を考えたりする際《さい》に、参考《さんこう》にしてみましょう。

あ

- 愛嬌《あいきょう》がある
- 愛《あい》くるしい
- あいさつがよくできる
- 愛情《あいじょう》深い
- アイディアが豊富《ほうふ》
- 青くさい
- 青二才
- 垢抜《あかぬ》けない
- あがりやすい
- 明るい
- あきっぽい
- あきらめが悪い
- アクティブ
- あくどい
- 浅《あさ》い
- 足が速い
- 足まめ
- あたたかい
- 頭が固《かた》い
- 頭が切れる
- 頭が低《ひく》い
- 頭が古い
- 頭が柔《やわ》らかい
- 頭でっかち
- 頭の回転が速い
- 新しもの好《ず》き
- 厚《あつ》かましい
- 熱苦《あつくる》しい
- あっけらかんとした
- あっさりとした
- 後《あと》に引けない
- 暴《あば》れん坊《ぼう》
- アバンギャルド
- 危《あぶ》なっかしい
- 甘《あま》い
- 甘《あま》えん坊《ぼう》
- 甘《あま》ったれ
- あまのじゃく
- あらあらしい
- 荒《あら》くれ者
- 争《あらそ》いがきらい
- 荒《あら》っぽい
- あるがまま
- あわただしい
- あわてん坊《ぼう》
- 安易《あんい》

い

- 威圧的《いあってき》
- いい顔しい
- いいかげん
- 言い出しっぺ
- 言う事を聞かない
- いかがわしい
- 粋《いき》
- いきいきとした
- 意気地《いきじ》が悪い
- 意気揚々《いきようよう》
- 意気地《いくじ》なし
- いけいけな
- いけしゃあしゃあとした
- いけず
- いけてる
- 威厳《いげん》がある
- 意固地《いこじ》
- いごっそう
- 偉才《いさい》
- 異彩《いさい》
- 潔《いさぎよ》い
- 勇《いさ》ましい
- 石頭
- いじいじとした
- 意志《いし》が強い
- 意地きたない
- いじける
- 意地っぱり
- いじらしい
- 意地悪
- いたいけな
- いたずらっ子
- 韋駄天《いだてん》
- 異端《いたん》
- 一途《いちず》
- 一人前
- 一番
- 一番乗り
- 一貫性《いっかんせい》がある
- 一喜一憂《いっきいちゆう》
- 一生懸命《いっしょうけんめい》
- 一心不乱《いっしんふらん》
- 一発屋
- 一般的《いっぱんてき》
- 一匹狼《いっぴきおおかみ》
- 一方的《いっぽうてき》
- 一本気《いっぽんぎ》
- 一本槍《いっぽんやり》
- 田舎者《いなかもの》
- イノセント
- 命知らず
- いばる
- いびつな
- 威風堂々《いふうどうどう》
- いまいちな
- いまどきな
- いまひとつな
- いやしい
- 癒《いや》し系《けい》
- いやみたらしい
- いやらしい
- 意欲的《いよくてき》
- いらいらしない
- いら立たしい
- 陰気《いんき》

※46～47ページは、自由にコピーしてお使いいただけます。か行は2巻《かん》「未来《みらい》をつくる」に、さ行は3巻《かん》「人を楽しませる」に、た行からは行は4巻《かん》「伝統《でんとう》に生きる」に、ま行からわ行は5巻《かん》「いのちを守る」に掲載《けいさい》しております。

慇懃無礼《いんぎんぶれい》
いんちき
インテリ

う

初々《うい うい》しい
上から目線
うかうかする
うかつ
浮《う》かれる
浮足《うきあし》立つ
うきうきする
浮世《うきよ》離《ばな》れ
受身
後ろ向き
薄《うす》っぺらい
嘘《うそ》つき
うだうだする
歌がうまい
疑《うたぐ》り深い
打たれ強い
内気
内弁慶《うちべんけい》
うっかり
うつけ者
うっとうしい
器《うつわ》が大きい
うとましい
うぬぼれ屋
うぶ
裏方《うらかた》に徹《てっ》する
裏《うら》がない
うらみがましい
うらやましがる
うららか
うるさい
浮気者《うわきもの》
うんざりな
上の空
運動神経《しんけい》がいい

え

鋭敏《えいびん》
ええかっこしい
笑顔《えがお》を絶《た》やさない
エキサイティング
エキスパート
エキセントリック
エキゾチック
エゴイスティック
絵心がある
エコロジカル
江戸《えど》っ子
エネルギッシュ
エモーショナル
偉《えら》そう
エレガント
厭世的《えんせいてき》
エンターテイナー
縁《えん》の下の力持ち
円満《えんまん》
遠慮《えんりょ》がち
遠慮《えんりょ》深い

お

横着
横暴《おうぼう》
大きな顔をする
大食い
大げさ
大ざっぱ
大っぴら
オープン
大真面目《おおまじめ》
大物らしい
おおらか
オールラウンドプレーヤー
おかしい
陸《おか》へ上がった河童《かっぱ》
臆病《おくびょう》
奥《おく》ゆかしい
おこがましい
怒《おこ》りっぽい
幼《おさな》い
押《お》しが強い
押《お》しつけがましい
おしとやか
おしゃべり
おしゃま
おしゃれ
おすまし
おせっかい
落ちこむ
落ち着いた
落ち着きがない
お茶目
お調子者
おっかない
おっちょこちょい
おっとり
おてんば
おどおどする
おどける
大人気ない
おとなしい
大人っぽい
乙女《おとめ》ちっく
鬼《おに》のよう
お人好《ひとよ》し
おべんちゃら
おませ
思い上がる
思いこみが強い
思いやりがある
おもしろい
おもしろがり
親孝行《おやこうこう》
親不孝《おやふこう》
親分肌《はだ》
俺様気質《おれさまきしつ》
おろおろする
おろか
穏健《おんけん》
温厚《おんこう》
恩知《おんし》らず
穏便《おんびん》
温和
穏和《おんわ》

このシリーズに登場する人の 人物名五十音順《ごじゅうおんじゅん》さくいん

このシリーズに登場する人の 職業名《しょくぎょうめい》五十音順《ごじゅうおんじゅん》さくいん

監修 **田沼 茂紀**（たぬま・しげき）

新潟県生まれ。上越教育大学大学院学校教育研究科修了。國學院大學人間開発学部長。専攻は道徳教育、教育カリキュラム論。川崎市公立学校教諭を経て、高知大学教育学部助教授、同学部教授、同学部附属教育実践総合センター長。2009 年より國學院大學人間開発学部初等教育学科教授。2017 年 4 月より現職。日本道徳教育学会理事、日本道徳教育方法学会理事、日本道徳教育学会神奈川支部長。

おもな単著、『心の教育と特別活動』、『道徳科で育む 21 世紀型道徳力』（いずれも北樹出版）。

その他の編著、『やってみよう！新しい道徳授業』（学研教育みらい）、『「特別の教科道徳」授業＆評価完全ガイド』（明治図書出版）、『道徳科授業のつくり方』（東洋館出版社）、『道徳科授業のネタ＆アイデア 100』小学校編・中学校編（明治図書出版）など多数。

●編集・制作　株式会社スリーシーズン
●写　真　言美歩／目黒－MEGURO. 8 ／山上忠
●写真協力　株式会社アマナ／株式会社ナノ・クリエイト／株式会社北海道日本ハムファイターズ／株式会社商船三井／トヨタ自動車アンテロープス
●取材協力　株式会社スポーツビズ
●表紙イラスト　ヤマネアヤ
●本文イラスト　にしぼりみほこ
●執　筆　伊藤睦／加茂直美／沢辺有司／高島直子／たかはしみか
●装丁・デザイン　金井 充／伏見 藍（Flamingo Studio,Inc.）
●ヘアメイク　吉田美幸（B ★ side）

個性ハッケン！
50人が語る長所・短所
1．スポーツで輝く

発　行	2018 年 9 月　第 1 刷
監　修	田沼 茂紀
発行者	長谷川 均
編　集	松原 智徳
発行所	株式会社　ポプラ社 〒 160-8565　東京都新宿区大京町 22-1 電話　03-3357-2212（営業）　03-3357-2635（編集） ホームページ　www.poplar.co.jp
印刷・製本	共同印刷株式会社

ISBN 978-4-591-15981-1　N.D.C.159　48p　27cm　Printed in Japan

全《ぜん》5巻《かん》

個《こ》性《せい》ハッケン！

—50人《にん》が語《かた》る長所《ちょうしょ》・短所《たんしょ》—

監修 田沼茂紀

① スポーツで輝《かがや》く

プロ野球監督《やきゅうかんとく》、スキージャンプ選手《せんしゅ》、
プロバレーボール選手《せんしゅ》、体操選手《たいそうせんしゅ》 など

② 未来《みらい》をつくる

ロケット開発者《かいはつしゃ》、ロボットクリエイター、
化学者《かがくしゃ》、実業家《じつぎょうか》 など

③ 人《ひと》を楽《たの》しませる

音楽《おんがく》クリエイター、マンガ家《か》、指揮者《しきしゃ》、
アニメーション監督《かんとく》 など

④ 伝統《でんとう》に生《い》きる

囲碁棋士《いごきし》、女流棋士《じょりゅうきし》、和菓子職人《わがししょくにん》、
杜氏《とうじ》、歌舞伎俳優《かぶきはいゆう》 など

⑤ いのちを守《まも》る

小児科医師《しょうにかいし》、看護師《かんごし》、元保育士《もとほいくし》、
機動救難士《きどうきゅうなんし》 など

★小学中学年以上向け　★オールカラー
★AB判　★各48P　★N.D.C.159
★図書館用特別堅牢製本図書